决战决胜

脱贫攻坚十二讲

主　编　刘　鹏

副主编　李竹青　苏　玉
宋艳丽　王晓东

序言

2020年是脱贫攻坚决战决胜之年，千百年来困扰中华民族的绝对贫困问题即将历史性地画上句号。

党的十八大以来，在以习近平同志为核心的党中央坚强领导下，在全党全国全社会共同努力下，我国脱贫攻坚取得决定性成就。脱贫攻坚目标任务接近完成，贫困人口从2012年年底的9899万人减到2019年年底的551万人，贫困发生率由10.2%降至0.6%，区域性整体贫困基本得到解决。贫困群众收入水平大幅度提高，自主脱贫能力稳步提高，贫困群众“两不愁”质量水平明显提升，“三保障”突出问题总体解决。贫困地区基本生产生活条件明显改善，群众出行难、用电难、上学难、看病难、通信难等长期没有解决的老大难问题普遍解决，义务教育、基本医疗、住房安全有了保障。贫困地区经济社会发展明显加快，基本公共服务日益完善，贫困治理能力明显提升，基层组织得到加强，基层干部本领明显提高。[①] 中国减贫方案和减贫成就得到国际社会普遍认可，脱贫攻坚任务完成后，我国将提前10年实现联合国2030年可持续发展议程的减贫目标，世界

---

①《习近平在决战决胜脱贫攻坚座谈会上强调　坚决克服新冠肺炎疫情影响　坚决夺取脱贫攻坚战全面胜利》，《人民日报》2020年3月7日。

上没有哪一个国家能在这么短的时间内帮助这么多人脱贫，这对中国和世界都具有重大意义。[①] 我们在脱贫攻坚领域取得的前所未有的成就，凝聚了全党全国各族人民的智慧和心血，彰显了中国共产党领导和我国社会主义制度的政治优势。

脱贫攻坚是全面建成小康社会的底线任务和标志性指标，打赢脱贫攻坚战是全面建成小康社会的重中之重。到2020年现行标准下的农村贫困人口全部脱贫，是党中央向全国人民作出的郑重承诺。但要兑现这一承诺不是轻轻松松一冲锋就能做到的，从决定性成就到全面胜利，面临的困难和挑战依然艰巨。特别是收官之年又遭遇新冠肺炎疫情影响，脱贫攻坚任务艰巨，巩固脱贫成果难度很大，部分贫困群众发展的内生动力不足。必须高度重视打赢脱贫攻坚战面临的困难和挑战，坚持越到最后越要紧绷这根弦，不能停顿、不能大意、不能放松，要不忘初心、牢记使命，坚定信心、顽强奋斗，坚决夺取脱贫攻坚战全面胜利，坚决完成这项对中华民族、对人类都具有重大意义的伟业。

胜利在望，但我们仍需努力。脱贫攻坚到了最后胜利的紧要关头，必须坚持目标导向、问题导向和结果导向，统筹好脱贫标准和全面小康，精准到户和整体推进，

①《习近平在决战决胜脱贫攻坚座谈会上强调　坚决克服新冠肺炎疫情影响　坚决夺取脱贫攻坚战全面胜利》，《人民日报》2020年3月7日。

政府、市场和社会，扶贫和扶智、扶志，开发式扶贫和保障性扶贫等重大关系；把握脱贫攻坚着力点，激发贫困人口内生动力，改善深度贫困地区发展条件，解决深度贫困地区群众特殊困难，加大深度贫困地区政策倾斜力度；坚持精准扶贫精准脱贫基本方略，做到扶持对象精准、项目安排精准、资金使用精准、措施到户精准、因村派人精准、脱贫成效精准；聚力做好专项扶贫，加大产业扶贫力度，全力推进就业扶贫，深入推动易地扶贫搬迁，积极探索消费扶贫新模式，加强生态扶贫，着力实施教育脱贫攻坚行动，深入实施健康扶贫工程，强化综合保障性扶贫；持续做好行业扶贫，大力推进交通扶贫行动、水利扶贫行动、电力和网络扶贫行动和贫困地区农村人居环境整治；深入做好社会扶贫，加大东西部扶贫协作和对口支援力度，开展定点扶贫工作，激励各类企业、社会组织扶贫，扎实做好军队帮扶工作；加强脱贫攻坚行动支撑保障，强化财政投入保障，加大金融扶贫支持力度，加强土地政策支持，大力实施人才和科技扶贫计划；做好脱贫攻坚成效考核，强化扶贫信息的精准分析，健全贫困退出机制，开展国家脱贫攻坚普查，科学稳妥改进各级考核方式；坚持既要脱贫更要致富，坚持强农惠农富农政策不减弱，构建促进农民持续较快增收的长效政策机制，接续推进全面脱贫与乡村振兴有效衔接，促进逐步实现共同富裕；加强和改善党的领导，落实脱贫攻坚责任制，完善脱贫攻坚考核监督评估机制，建强贫困村党组织，培养锻炼过硬的脱贫攻坚干部队伍，开展扶贫领域腐败和作风问题专项治理，确保如期高质量完成脱贫攻坚任务，向党和人民交出合格答卷。

我们坚信，有以习近平同志为核心的党中央的坚强领导，有亿万人民团结一心的奋斗实践，“贫困的最后堡垒”必将在决战决胜脱贫攻坚中被彻底攻克；我们坚信，只要保持敢闯敢拼、甘于奉献、精准科学、务实笃行的精神，坚持自力更生、艰苦奋斗，每个奋斗者的人生价值必将在决战决胜脱贫攻坚中尽情展现；我们坚信，只要保持战略定力，主动识变应变，有效应对前所未有的风险挑战，就一定能够实现“两个一百年”奋斗目标，实现中华民族伟大复兴的中国梦。

目录

CONTENTS

第一讲
中国特色扶贫开发道路的丰富与发展

党的十八大以来，以习近平同志为核心的党中央，以高度的历史责任感，把坚决打赢脱贫攻坚战提升到事关全面建成小康社会奋斗目标的新高度，出台了一系列重大政策措施，举全党全国之力推进脱贫攻坚，不断拓展中国特色扶贫开发道路，脱贫攻坚取得了新的显著成就。

一、中国特色扶贫开发道路的探索与实践

消除贫困、改善民生、实现共同富裕，是社会主义的本质要求，是中国共产党人初心不改、前仆后继的使命和担当。新民主主义革命时期，中国共产党历经28年艰苦卓绝的浴血奋战，终于带领中国人民推翻了三座大山，建立起一个全新的中国。自那时起，消除贫困、改善人民生活，就成为中国共产党矢志不渝的事业，形成了中国特色扶贫开发道路。

中华人民共和国成立特别是改革开放以来，党和国家高度重视扶贫工作。20世纪70年代后期，在经历了十年“文化大革命”的曲折发展后，中国农村贫困问题愈加严峻。1978年，全国农村人口占总人口的82.08%，农民人均年收入仅为133.6元。按照当年中国政府制定的贫困标准——农民人均年收入100元为贫困线进行统计，农村贫困人口规模高达2.5亿。8亿农村人口中，贫困发生率超过30%。1978年党的十一届三中全会强调，党和国家的工作重心转移到经济建设上来，大力发展生产力。邓小平从社会主义本质的高度对贫困问题进行了深刻阐释，他强调，社会主义的本质，是解放生产力，发展生产力，消灭剥削，消除两极分化，最终达到共同富裕。发展才是硬道理，发展是解决中国一切问题的总钥匙，摆脱贫困同样离不开发展。针对依旧贫穷落后的国情，邓小平提出要在建立和完善社会主义制度的前提下，大力发展社会生产力，提高广大人民群众的生活水平，使绝大多数人的温饱问题得以解决，

实现脱贫致富。之后，党和国家开始了对扶贫帮困的实践探索。1980 年，中央财政单独列支“支援经济不发达地区发展资金”，这是我国设立最早的、由中央财政独立拨付的专项扶贫资金，有力地支援了老革命根据地、少数民族地区、边远贫困地区的发展。1982 年，党中央、国务院开始有计划地在甘肃河西地区、定西地区及宁夏西海固地区实行区域扶贫，即“三西”农业建设区域性扶贫计划，这是我国首个区域性扶贫开发试验地。1984 年，为促进和完善贫困地区基础设施建设，国家计划委员会牵头实施“以工代赈”扶贫计划，新建和完善了一大批公路、铁路、水利灌溉和通信等基础设施，在改善贫困地区基础发展条件的同时，也为贫困地区人口增加了收入。此后，“以工代赈”成为党和国家扶贫开发长期坚持的一个重要方式。

这一时期，农村扶贫与经济改革发展同步进行，以改革促减贫，效果十分明显。以家庭联产承包责任制为主的农村经济体制改革、以市场为导向的农产品价格形成和流通体制改革以及鼓励城乡人口流动的就业管理制度改革，释放出巨大改革红利，在减缓农村贫困上发挥了重大作用。从 1978 年到 1985 年，全国粮食总产量增加 24%，农村绝对贫困人口由 1978 年的 2.5 亿人减少到 1985 年的 1.25 亿人，总贫困人数减半，平均每年减少 1700 多万人。这一时期也成为中国扶贫史上减贫最为显著的时期。

随着改革开放进一步深入和国民经济快速增长，各地由于自然资源禀赋和社会历史条件的差异，地区之间、城乡之间发展不平衡和贫富差距不断扩大。一些“老、少、边、穷”地区贫困状况突出，呈现明显的地域性特征。面对这一情况，党和国家于 1986 年启动了新的农村扶贫计划，成立“国务院贫困地区经济开发领导小组”这一专门的扶贫开发机构，拉开了中国体系化、制度化、专业化的大规模开发式扶贫序幕，一大批卓有成效的扶贫开发政策措施纷纷落地。1986 年，中央开展对重

王纲 / 摄

2014 年 2 月 3 日，习近平总书记考察甘肃省定西市渭源县引洮供水工程工地。采用市场化融资模式建设的引洮工程受益区总面积为 1.97 万平方公里，涉及甘肃省兰州、定西、白银、平凉、天水 5 个市辖属的榆中、渭源、临洮、安定、陇西、通渭、会宁、静宁、武山、甘谷、秦安 11 个国家扶贫重点县（区），155 个乡镇，总人口约 300 万人。
图为引洮工程局部图。

点贫困区域识别工作，确立了331个国家级贫困县。1990年和1992年，国家先后设立了“少数民族贫困地区温饱基金”和“少数民族发展基金”，支持少数民族贫困地区发展生产，提高贫困居民生活水平。同期，党和国家还在信贷扶贫、教育扶贫、技术扶贫等方面进行了初步探索。

这一时期的农村扶贫坚持开发式扶贫方针，把扶贫与农村开发有机结合起来，实现了由过去的救济式扶贫向开发式扶贫转化，由农村扶贫工作转为农村扶贫开发，在中国扶贫史上具有重要意义。经过不懈努力，我国贫困地区经济快速发展，面貌得到极大改善。

随着社会主义市场经济体制的建立和完善，党中央更加重视开发式扶贫。注重调动发挥贫困地区和贫困户自身的内在因素，增强贫困地区和贫困群众内生脱贫能力，在国家针对贫困地区制定的一系列优惠经济政策的有力支持下，进行开发性经济建设，实现贫困地区和贫困群众早日脱贫、稳定脱贫。开发式扶贫方针的确立，实现了我国扶贫方式质的飞跃，是中国共产党扶贫理论的丰富和发展。

在这一方针指导下，国务院于1994年出台《国家八七扶贫攻坚计划（1994—2000年）》，提出坚持开发式扶贫方针，力争用7年时间，积极改善广大农村地区基础设施、科教文卫的落后状况，下大力气调动社会各方力量帮助贫困人口解决温饱问题。这一计划为我国农村扶贫开发工作提供了系统、规范、科学的行动纲领，意义十分重大。同年，中央对过去确定的331个国家级贫困县进行了调整，按照“进四退七”的调整原则，以1992年人均纯收入为基准，揽入年人均收入低于400元的县，清退年人均收入超过700元的县，调整后的国家级贫困县增加为592个。1996年，国务院研究部署对口扶贫，13个东部沿海省份与中西部十个省、自治区达成帮扶协议，从资金、产品、技术、人员交流等方面开展帮扶。对口帮扶是国家针对东西部地区发展差距不断扩大的特点，在“八七扶贫攻坚计划”期间的新举措。

这一时期，教育扶贫成为新的扶贫思路。结合科教兴国战略，党的十四大提出，到20世纪末，在全国范围内普及实施九年义务教育和基本扫除青壮年文盲。贫困地区作为这一目标实现的关键环节，受到高度重视，国务院各部委纷纷制定配合举措，以1995年教育部与财政部联合实施的“国家贫困地区义务教育工程”最为典型，取得了良好成效。

经过“八七扶贫攻坚计划”7年不懈奋斗，扶贫攻坚目标基本实现并取得了显著成效，我国农村贫困现象得到明显缓解：农村温饱问题基本解决，贫困地区生产生活条件有了极大改善；普及九年义务教育和扫除青壮年文盲的目标基本实现，贫困地区乡镇医院不断增多，一大批农业实用技术得到推广，贫困地区科教文卫事业得到极大发展。

进入21世纪，伴随着绝对贫困的消除，城乡、区域发展不平衡所带来的相对贫困开始凸显，扶贫开发的重点转变为在巩固已有成果的基础上，满足贫困地区人民的物质文化需要，加快贫困地区发展，兼顾城乡区域发展平衡，使发展成果惠及全体人民。在此背景下，党和国家的扶贫开发思想在新的视域中继续发展、不断深化。

2001年5月，中央扶贫开发工作会议召开，研究部署21世纪头十年扶贫开发工作。同年6月，国务院在充分借鉴《国家八七扶贫攻坚计划（1994—2000年）》经验的基础上，出台《中国农村扶贫开发纲要（2001—2010年）》，即21世纪第一个十年指导扶贫开发工作的纲领性文件，进一步解决贫困人口温饱问题，改善贫困地区生活生产状况，巩固扶贫成果。专项扶贫政策措施得到进一步细化，其中具有代表性的是整村推进、劳动力转移培训、产业化扶贫等。党和国家还高度重视“三农”问题，2004年和2005年先后颁布了《中共中央、国务院关于促进农民增加收入若干政策的意见》和《中共中央、国务院关于进一步加强农村工作提高农业综合生产能力若干政策的意见》，推动了“多予、少取、放活”的系列惠农政策落地。2006年1月1日，我国全面废除延续

马健 / 摄

2005 年 12 月 29 日，十届全国人大常委会第十九次会议高票通过决定，自 2006 年 1 月 1 日起废止农业税条例，在中国延续 2000 多年的农业税成为历史。
图为 2005 年 6 月 12 日，郑州城郊的农民在已经收割完毕的麦地里喷洒农药，为秋种做准备。

2000多年的农业税，每年为农民减负1300多亿元。

这一时期，我国扶贫开发开始注重将扶贫开发与社会救助相结合。在大规模开发式扶贫这一主体思路下，少数丧失劳动能力或缺乏自我发展能力的极端困难群众只能依靠救济进行帮扶。国家将其纳入最低生活保障范围，通过制度兜底安排保障其基本生存权利和基本尊严。党的十六大提出，探索建立农村养老、医疗保险和最低生活保障制度，加快建设农村社会福利制度。2007年，国务院发布《关于在全国建立农村最低生活保障制度的通知》，这是中国扶贫史上的又一个新的里程碑。作为兜底性的制度安排，农村低保政策迅速在全国铺开。从2001年到2010年，农村低保人口从304.6万人增加到5214万人，累计发放农村低保资金445亿元。十年间，在国家惠农政策和专项扶贫政策的共同支持下，中国农民的温饱问题得到了基本解决，贫困发生率降至2.8%，贫困地区经济快速发展，贫困人口生产生活条件明显改善。

回望历史，中国共产党以科学的态度与务实的精神，探索出一条政府主导、多元支撑、自力更生、开发扶贫的中国特色扶贫开发道路。

二、党的十八大以来，我们党关于扶贫开发的重大理论创新

党的十八大以来，面对新时代扶贫开发的新要求，以习近平同志为核心的党中央作出了打赢脱贫攻坚战的重大决定，提出了精准扶贫重要思想，扶贫开发进入脱贫攻坚新阶段。

精准扶贫思想是以习近平同志为核心的党中央对中国共产党扶贫理论的继承、发展与创新，阐明了新时代我国扶贫开发的重大理论和实践问题，是统筹推进“五位一体”总体布局、协调推进“四个全面”战略布局、实现“两个一百年”奋斗目标的关键一环。

习近平同志担任党的总书记后，从党和国家的高度对我国的扶贫工作进行了重新审视。改革开放以来，在党的正确领导下，中国减贫事业不断取得令世人瞩目的成就，获得了国际社会的广泛赞誉。但是，贫困依然是我国经济社会发展中的突出短板，扶贫开发进入“啃硬骨头”、攻坚拔寨的关键时期。2012 年年底，我国还有 9899 万现行标准下的贫困人口，要用 7 年时间实现全部脱贫。而且，我国的贫困人口多分布在革命老区、民族地区、边疆地区、连片特困地区，这些地区往往资源匮乏、交通不便，经济发展条件差，贫困程度、减贫成本、脱贫难度等都远远高于其他地区。同时，扶贫存在农村贫困人口底数不明、情况不清、瞄准性不强、扶贫资源渗漏等问题，扶贫工作存在盲点漏洞，“大水漫

灌”式的扶贫项目指向性不强、效果不明显，甚至一些地区出现扶贫腐败，造成国家扶贫资源的大量浪费。

新的贫困形势、新的扶贫阶段亟须新的扶贫理论进行科学指导。党的十八大以来，习近平总书记立足现实国情和时代特征，总结我国长期扶贫开发实践经验，提出了“精准扶贫”等一系列新思想新观点，成为习近平新时代中国特色社会主义思想的重要组成部分，是中国共产党扶贫理论的丰富和发展，为实现脱贫攻坚提供了根本遵循和行动指南。

习近平总书记关于精准扶贫的重要论述具有深刻的理论内涵。

（1）“六个精准”。我国贫困问题经历了普遍贫困、区域贫困、片区贫困等多个阶段，扶贫单位由县级贫困区域到村级贫困区域，再到集中连片特困地区，从未识别到户。扶贫工作推进至今，“大水漫灌”式的工作方式无法解决极端贫困人口的脱贫问题，且容易出现返贫现象。对此，扶贫工作必须做到：①扶持对象精准。解决好“扶持谁”的问题是精准扶贫的逻辑起点和基本前提，通过统计贫困人口和建档立卡，使扶贫工作有的放矢、有据可依。②项目安排精准。根据贫困人口的实际需要进行有针对性的项目帮扶，找准路子、因户施策，在精准施策上出实招、在精准推进上下实功、在精准落地上见实效。③资金使用精准。确保扶贫资金有效投入、精准使用，“好钢用在刀刃上”，把扶贫资金投到关键领域，并做好资金使用的评估与监督工作。④措施到户精准。注重增强扶贫对象和贫困地区自我发展能力，确保扶贫措施与贫困地区发展相协调、与贫困户现有条件相契合、与贫困人口实际能力相匹配，帮助贫困户、贫困人口发展生产、增加收入。⑤因村派人（第一书记）精准。村级党组织是与贫困群众联系最紧密、协调最有效、保障最关键的基层组织，要从各级机关优秀年轻干部、后备干部和国有企事业单位优秀人员中选派第一书记或驻村工作队队长，把村级党组织打造成为扶贫攻坚的坚强堡垒和阵地前哨，把第一书记历练成为带领群众脱贫致富的“领

潘旭涛 / 摄

2013 年 11 月，习近平总书记在湖南省花垣县十八洞村考察时首次提出了“精准扶贫”，强调扶贫要实事求是，因地制宜。
图为依靠“精准扶贫”蹚新路的十八洞村村貌。

头雁”“排头兵”。⑥脱贫成效精准。扶贫工作贵在真扶贫、扶真贫，扶贫工作必须务实、脱贫过程必须扎实、脱贫结果必须真实，要完善扶贫工作动态管理机制，综合评估扶贫工作成效。

（2）“五个一批”。分批分类是精准扶贫的基本方法，根据贫困人口的不同状况采取有针对性的脱贫方式。①发展生产脱贫一批。引导、支持有劳动能力和经济发展条件的贫困户、贫困人口发挥自身资源优势，发展生产、就地脱贫。②易地搬迁脱贫一批。针对部分因居住地自然环境恶劣、资源匮乏等原因不具备脱贫基本条件的贫困群体，有计划组织实施易地搬迁，安置到环境和资源条件相对较好的地区，实施帮扶直至脱贫。③生态补偿脱贫一批。通过加大贫困地区生态保护修复力度，改善贫困地区生产生活环境，使贫困人口获得相应的生态补偿收益，进而实现脱贫。④发展教育脱贫一批。通过教育、科技、文化等智力扶贫，提高贫困人口的自我发展能力，阻断贫困代际传递。⑤社会保障兜底一批。针对部分劳动能力低下或无劳动能力的贫困人群，完善农村最低生活保障等制度政策，做到应保尽保。

（3）“精神脱贫”。实现脱贫目标，不仅要在物质上强大起来，而且要在精神上强大起来。扶贫先扶志，不论造成贫困的是何种直接原因，精神贫困——缺乏脱贫致富的勇气、信心、意愿始终是主观上的首要根源。要树立脱贫信心、营造脱贫环境，帮助贫困群众充分认识自身优势，大力涵养拼搏精神，克服“等靠要”意识，鼓励困难群众“撸起袖子加油干”，通过辛勤劳动获得幸福生活。

瞿宏伦／摄

花茂村位于贵州省遵义市播州区枫香镇东北部。2014 年 6 月，习近平总书记曾到该村考察。当地以红色游、田园游、智慧游为主导，打造土坝—花茂—苟坝乡村旅游示范带，农民由此变商人，吃上“旅游饭”，成功脱贫，走上富裕道路。
图为花茂村美丽的田园风景。

三、书写我国扶贫开发新篇章

中国共产党在带领中国人民实现中华民族伟大复兴的征程中，在中华大地上创造了令人惊叹的扶贫脱贫伟大奇迹。党的十八大以来，党中央瞄准全面建成小康社会这一目标，全面打响脱贫攻坚战，力度之大、规模之广、影响之深前所未有。党的十九大对脱贫攻坚作出新部署，集中力量攻克贫困的难中之难、坚中之坚，确保打赢脱贫攻坚战，如期全面建成小康社会，实现第一个百年奋斗目标。

党的十八大以来，党和国家围绕精准扶贫精准脱贫，以改革创新为动力，逐步建立了脱贫攻坚制度体系。在责任体系方面，加强党对脱贫攻坚的全面领导，实行中央统筹、省负总责、市县抓落实的管理体制，22 个省（自治区、直辖市）向中央立下脱贫攻坚“军令状”，省、市、县、乡、村五级书记一起抓。在政策体系方面，围绕落实《中共中央、国务院关于打赢脱贫攻坚战的决定》，各部委、各省市先后出台“1+N”脱贫攻坚举措，打出政策“组合拳”。在投入体系方面，确保扶贫投入与脱贫需求相适应，扶贫资金由过去以中央财政投入为主，转变为中央、省、市、县投入共同支持，融入信贷扶贫、保险扶贫、资本市场扶贫和土地政策支持。在工作体系方面，着力解决“扶持谁”“谁来扶”“怎么扶”“如何退”的问题，建档立卡、驻村帮扶、分类推进、严格考评。在动员体系方面，发挥社会主义制度集中力量办大事的优势，加强东西部扶贫协作，细化中央单位、军队和武警部队定点扶贫，动员中央企业开展“百县万村”精准扶贫行动，动员民营企业开展“万企帮万村”精准扶贫行动，设立“国家扶贫日”，不断完善社会动员和参与机制。在监督体系方面，对各地开展脱贫攻坚督查巡查、民主监督，加强纪检监察、检察、审计、财政等部门和媒体等监督力量的合作，确保监督工作质量。在考核体系方面，组织省际交叉考核、第三方评估、财政专项扶贫资金绩效评价和媒体暗访，实行最严格的评估考核。

在脱贫攻坚制度体系的保障之下，我国扶贫工作得到大力推进，取得明显成效。习近平总书记2020年3月6日在决战决胜脱贫攻坚座谈会上指出：“贫困人口从2012年年底的9899万人减到2019年年底的551万人，贫困发生率由10.2%降至0.6%，连续7年每年减贫1000万人以上。到今年2月底，全国832个贫困县中已有601个宣布摘帽，179个正在进行退出检查，未摘帽县还有52个，区域性整体贫困基本得到解决。”“2013年至2019年，832个贫困县农民人均可支配收入由6079元增加到11567元，年均增长9.7%，比同期全国农民人均可支配收入增幅高2.2个百分点。全国建档立卡贫困户人均纯收入由2015年的3416元增加到2019年的9808元，年均增幅30.2%。贫困群众‘两不愁’质量水平明显提升，‘三保障’突出问题总体解决。”扶贫开发不仅有效缓解了农村贫困状况，促进了贫困地区经济社会发展，而且对于巩固党的执政基础、培养锻炼干部队伍、提升基层社会治理水平等也有重要的促进作用。中国特色扶贫开发道路越走越宽广，“四个自信”不断增强。2020年实现现行标准下农村贫困人口脱贫、贫困县全部摘帽、解决区域性整体贫困的脱贫攻坚目标，必将如期完成。

湖南省湘西土家族苗族自治州花垣县十八洞村，作为中国“精准扶贫”首倡地，是我国新时代扶贫攻坚成果的缩影。十八洞村地处特困山区武陵山脉腹地，偏僻、闭塞、落后程度远近闻名，外村女子不愿嫁入，村里鲜有陌生面孔。2013年11月3日，习近平总书记来到十八洞村，和乡亲们交谈了一个多小时，并首次提出“精准扶贫”这一理念。此后，十八洞村牢记习近平总书记的嘱托，在各级扶贫组织的帮扶下，攻坚克难、先行先试，在精准识贫、产业帮扶、党建引领、思想建设和事业发展等方面，探索出许多可复制、可推广的有益经验，通过建立专业合作社、探索股份合作扶贫、电商扶贫、相亲扶贫、金融扶贫等一系列扶贫机制，走出了一条精准脱贫新路子。

（1）建强基层组织，加强思想建设。2014年年初，花垣县委从县直部门抽调五名党员组成了十八洞村精准扶贫工作队，同时选派第一书记驻村，在换届选举中把能力强、群众信任的能人选进班子。针对群众等、靠、要思想严重的难题，村“两委”班子坚持扶贫与扶志相结合，加强村民思想教育，把党的扶贫政策讲深讲透，鼓励村民依靠自身力量脱贫致富。配合开展歌咏、舞蹈、苗鼓比赛等丰富多彩的文化活动，有效激发村民脱贫致富的内生动力和建设家园的积极性、主动性。为准确识别贫困对象，十八洞村结合实际，制定了“9个不评”标准和“七道程序”，并对识别工作实行全程民主评议与监督。2014年，十八洞村准确识别出贫困户136户533人，占全村总人口的56.8%。

（2）发展致富产业，创新扶贫模式。十八洞村聚焦五大产业，发展以猕猴桃为主的种植业，以黄牛、山羊、肉猪为主的养殖业，以外出务工为主的劳务经济，以苗绣织锦为主的手工业，以农家乐、红色游为主的乡村旅游业。十八洞村组建苗汉子果业公司，在湘西国家农业科技园区流转土地1000亩，建成猕猴桃精品产业园。相继成立了苗绣、牧业、猕猴桃、果桑种植、油茶种植、山羊养殖、养猪等农民专业合作社。围绕发展乡村旅游这个目标，按照“农旅一体化”的思路，大力创建“旅游+”产业体系，制定旅游发展规划，统一开发全村旅游资源，注册“十八洞”商标，打造生态农业。2018年，十八洞村共接待游客30万人次，

田宏贵 / 摄

2019 年 2 月 23 日，《我和我的祖国》苗语版“快闪”活动在十八洞村举行。图为热闹的活动现场。

旅游收入高达300多万元，还拉动了民宿、农家乐、生态农产品等产业的飞速发展。

（3）完善基础设施，改善村容村貌。十八洞村完善“三通”工程，把民族传统文化保护与“五改”结合起来，扩宽了进村道路，新修了游步道、停车场，让村民用上了放心电、放心水，青石板路通到村民家门口，4G网络覆盖全村，村居面貌焕然一新。另外，抓好村小学、村卫生室改建并完善相关设施，全村实现新农合、新农保参合参保全覆盖。启动新村部和生活污水处理、生活垃圾就地分类及资源化，以及后续民居改造等人居环境综合整治项目，十八洞村的村貌焕然一新。

今天的十八洞村，已由一个2013年人均年纯收入仅1668元的贫困村，一跃成为人均年纯收入超万元的小康村。2016年，十八洞村人均纯收入达7798元，率先实现整村脱贫摘帽。2017年，全村人均纯收入达10180元，实现集体经济收入53万多元。2018年，全村人均纯收入达12128元，136户533人实现稳定脱贫。十八洞村先后荣获“全国少数民族特色村寨”“全国乡村旅游示范村”“全国文明村”“全国民族团结进步示范村”“全省脱贫攻坚示范村”“第三批全国宜居镇村”等称号，十八洞村党支部被授予“全国先进基层党组织”称号，形成了“投入有限，民力无穷，自力更生，建设家园”的十八洞精神。

四、为全球减贫事业提供中国智慧和中国经验

消除贫困是当今世界面临的全球性挑战，无论是发达国家还是发展中国家，贫困都是一个普遍存在的社会问题。联合国千年发展目标将减贫作为首要任务，消除贫困始终是全人类的共同目标和美好愿望。携手推动世界减贫脱贫事业，是世界各国的共同责任，也是全人类的共同使命。

作为世界大家庭的一员和世界上最大的发展中国家，中国顺应全球减贫发展趋势及全球2030年可持续发展议程，一直把减贫作为工作的重要内容，经历了从救济式扶贫到促进经济发展的开发式扶贫，到嵌入国家发展战略的综合性扶贫，再到攻坚阶段的精准扶贫的不断演进。在长期的理论与实践中，中国根据自身经济社会发展条件，不断调整扶贫脱贫政策措施，逐步加大扶贫投入力度，走出了一条符合自身国情、彰显制度优势、减贫成效显著的中国特色扶贫开发道路，使得7亿人口成功脱贫并即将建成惠及14亿人口的全面小康社会，取得了举世瞩目的减贫辉煌成就。中国是当今世界上减贫脱贫人数最多的国家，对世界减贫的贡献率超过70%，成为世界上率先完成联合国千年发展目标的国家，独立扭转了半个多世纪以来全球贫困人口持续上升的恶性趋势，为全球减贫事业作出了突出贡献，赢得了国际社会的广泛赞誉。正如习近平总书记所说："脱贫攻坚任务完成后，我国将有1亿左右贫困人口实现脱贫，

贺俊怡 / 摄

2019 年 5 月 26 日，“大数据与全球减贫”高端对话在贵州省贵阳市举行。公开数据显示，中国对世界减贫的贡献率超过 70%。

图为 2019 年“大数据与全球减贫”高端对话现场。

提前10年实现联合国2030年可持续发展议程的减贫目标，世界上没有哪一个国家能在这么短的时间内帮助这么多人脱贫，这对中国和世界都具有重大意义。”[①]

扶贫脱贫首先是解决吃饭问题。中国把饭碗牢牢端在自己手中，用占世界9%的耕地养活了近20%的人口，成功解决了14亿人的吃饭问题。1949年，我国粮食产量仅有2264亿斤，70年里先后迈过11个千亿斤台阶，现在已连续多年稳定在1.3万亿斤以上，成为世界农业史上的奇迹。全国粮食作物的平均单产量提高到了374.7公斤，是中华人民共和国成立初期的5倍多。此外，“菜篮子”“油瓶子”“果盘子”供应充足，老百姓餐桌更加丰富。

精准扶贫为破解世界减贫困境提供了新思路。联合国秘书长古特雷斯指出，中国精准减贫方略是帮助贫困人口、实现2030年可持续发展议程宏伟目标的唯一途径。中国已实现数亿人脱贫，中国的经验可以为其他发展中国家提供有益借鉴。中国针对贫困问题的复杂性和差异性，提出因地制宜、因人施策的精准扶贫策略，有效破解了世界减贫工作中遇到的贫困瞄准困境。“六个精准”形成了一个完整链条，有效地减少了传统扶贫方式误差，扶贫脱贫更加深入细致；“五个一批”能够因地制宜、因人施策、精准发力，可覆盖全部贫困地区和贫困人口。精准扶贫思想充实和丰富了世界减贫理论，为世界减贫注入新动力。习近平总书记在“2015减贫与发展高层论坛”上向全球发出携手推进全球减贫的“中国声音”，强调中国重视国际减贫交流与合作。我国通过组织实施援外减贫培训、东盟+3村官交流项目、中非青年减贫与发展交流项目、东亚乡村减贫示范合作项目等，不断加强与其他发展中国家减贫与发展领域的交流与合作，有效推动了全球减贫进程。

① 习近平：《在决战决胜脱贫攻坚座谈会上的讲话》，《人民日报》2020年3月7日。

第二讲
全面打赢脱贫攻坚战

建立一个没有贫穷的大同世界，是几千年来中华民族无数仁人志士的共同追求。消除贫困、改善民生、逐步实现共同富裕，是社会主义的本质要求，是我们党的重要使命。中华人民共和国成立以来，我们党带领人民持续向贫困宣战，为全面建成小康社会打下了坚实基础。“全面建成小康社会，一个也不能少；共同富裕路上，一个也不能掉队”，坚决打赢脱贫攻坚战，更是以习近平同志为核心的党中央对全国人民的庄严承诺。战鼓声声催人奋进，让贫困人口和贫困地区同全国一道进入全面小康社会，必将书写人类发展史上的伟大传奇。

一、深刻认识打赢脱贫攻坚战的重要意义

打赢脱贫攻坚战，意味着中华民族千百年来存在的绝对贫困问题，将在我们这一代人手里历史性地得到解决。我们要深刻认识如期打赢脱贫攻坚战的重大意义，咬定目标，一鼓作气，决战决胜，切实担负起脱贫攻坚的职责使命。

（1）打赢脱贫攻坚战，是全面建成小康社会的必然要求。全面小康，是惠及全体人民的小康，是不能有人掉队的小康。没有农村的小康，特别是没有贫困地区的小康，就没有全面建成小康社会，这个底线任务不能打任何折扣。2020 年是全面建成小康社会和“十三五”规划的收官之年。全面小康目标能否如期实现，关键取决于脱贫攻坚战能否打赢。贫困是发展不平衡不充分的集中体现，消除贫困是全面建成小康社会的底线任务和标志性指标。我们不能一边宣布全面建成了小康社会，另一边还有几千万人的生活水平处在扶贫标准线以下，这既影响人民群众对全面建成小康社会的满意度，也影响国际社会对我国全面建成小康社会的认可度。因此，如期完成脱贫任务是全面建成小康社会的刚性目标、底线目标。瞄准特定贫困群众精准帮扶，向深度贫困地区聚焦发力，激发贫困人口脱贫内生动力，不仅能促进区域经济“造血微环境”的修复与形成，也有利于社会大环境的稳定与和谐。党的十八大以来，以习近平同志为核心的党中央把打赢脱贫攻坚战作为全面建成小康社会的底线

任务和标志性指标，确定了精准扶贫精准脱贫的基本方略，全面打响了脱贫攻坚战。全国贫困人口从2012年年底的9899万人减到2019年年底的551万人，全国农村减贫规模年均超过1300万人，贫困发生率由10.2%降至0.6%，连续7年每年减贫1000万人以上。到2020年2月底，全国832个贫困县中已有601个宣布摘帽，179个正在进行退出检查，区域性整体贫困基本得到解决。可以说，精准扶贫精准脱贫取得了举世瞩目的成绩。这为2020年全面建成小康社会奠定了坚实基础。但必须看到，我国脱贫攻坚任务仍然十分艰巨，目前还有551万农村贫困人口没有脱贫，剩余52个贫困县尚未摘帽，仍然是全面建成小康社会的一个短板。要深刻认识到，坚决打赢脱贫攻坚战是以习近平同志为核心的党中央交给我们的一项光荣而神圣的重大政治任务，是实现同全国一道全面建成小康社会目标的关键一步。只有脱贫攻坚目标如期实现，解决好贫困人口生产生活问题，满足贫困人口追求幸福的基本要求，才能确保全面小康社会质量，让人民群众满意、国际社会认可。

（2）打赢脱贫攻坚战是中国共产党执政宗旨的内在要求。近代以来，以孙中山为代表的爱国人士提出了民生和社会救助思想，主张建立政府主导的社会救助制度，形成了近代中国国家社会救助制度的雏形。但这些努力并不能从根本上改变旧中国贫穷、弱小、普遍处于绝对贫困状态的现实。历史和人民选择了中国共产党。我们党来自人民，植根于人民，服务于人民。中国共产党自成立以来，就把为人民谋幸福、为民族谋复兴作为自己的初心和使命。而实现贫困人口如期脱贫，是我们党向全国人民作出的郑重承诺。1949年，中华人民共和国的成立标志着中国人民从此站立起来了，社会主义制度的建立为消除贫困奠定了制度基础。特别是改革开放以来，中国开启了发展和减贫的新时代。党和国家大力推行家庭联产承包责任制，建立并不断完善社会主义市场经济体制，统筹城乡经济社会发展，不断解放和发展生产力，人民生活水平普遍提高。

何蓬磊／摄

2019 年 3 月 7 日，十三届全国人大二次会议新闻中心举行记者会，国务院扶贫开发领导小组办公室主任刘永富等就“攻坚克难，坚决打赢脱贫攻坚战”相关问题回答中外记者提问。图为记者会现场。

1982年，国家在甘肃的河西地区、定西地区和宁夏西海固地区启动专项扶贫计划，成立了扶贫开发工作机构。可以说，我国是世界上第一个有计划、有组织、有规模地推出扶贫开发计划的国家。1993年以来，国家开始实施《国家八七扶贫攻坚计划（1994—2000年）》《中国农村扶贫开发纲要（2001—2010年）》《中国农村扶贫开发纲要（2011—2020年）》，构建专项扶贫、行业扶贫、社会扶贫“三位一体”的大扶贫工作格局。长期以来，党领导全国各族人民进行多种形式的消除贫困的斗争，巩固了党的执政基础，巩固了中国特色社会主义制度，这是我们党的重要执政经验。然而，至2012年年底，根据当时的贫困标准，全国还有近亿农村贫困人口，消除绝对贫困现象依然任重道远。对此，党的十八大以来，党中央、国务院始终把扶贫开发工作作为实现第一个百年奋斗目标的重点任务，摆在更加突出的位置。从宏观上看，打赢脱贫攻坚战，让贫困人口和贫困地区同全国一道进入全面小康社会，是一项取信于民的重大民心工程，关乎巩固党的执政基础，是我们党在新时代面临的一场大考。习近平总书记对打好脱贫攻坚战倾注了大量心血，给予了高度重视，不断强调大力实施精准扶贫。他曾引用古语“善为国者，爱民如父母之爱子、兄之爱弟，闻其饥寒为之哀，见其劳苦为之悲”，强调党的根本宗旨就是全心全意为人民服务，强调民心是最大的政治。只有牢固树立强烈的为民情怀和使命担当，切实把老百姓放在心上，把脱贫攻坚抓在手上，自觉扛起脱贫攻坚这个政治责任，才能取信于民。我们党只有始终践行以人民为中心的发展思想，坚持全心全意为人民服务的根本宗旨，真正做到造福于民，执政基础才能坚不可摧。从微观上看，我们推进抓党建促脱贫攻坚，培养了一大批对乡村有感情、懂农村、懂农民的治理骨干，贫困地区基层组织得到加强，巩固了党在农村的执政基础。全国共派出25.5万个驻村工作队、累计选派290多万名县级以上党政机关和国有企事业单位干部到贫困村和软弱涣散村担任第一书记或驻村干部，目前在岗 91.8 万，特别是青年干部了解了基层，学会了做群众工作，在实践锻炼中快速成长。[①] 这不仅是我们党的宝贵财富，而且是脱贫攻坚的重要价值体现。

（3）打赢脱贫攻坚战是培育经济新动能的重要途径。发展是解决一切问题的基础和关键。没有发展，什么事也办不成。发展仍然是战胜贫困的关键。扶贫本身是发展的重要组成部分，是促进发展的重要举措。当前，中国的经济已经从高速增长阶段转向高质量发展阶段，扶贫攻坚对于应对当前经济下行压力，保持经济中高速增长，并迈向中高端水平具有十分重要的意义。中国经济发展有巨大的潜力空间和回旋余地，一个重要方面就在贫困地区和贫困人口。打赢脱贫攻坚战，加强贫困地区基础设施和公共服务建设，不仅有助于消化过剩产能，而且会增加对有效投资的需求，拓展发展新空间，培育增长新动能；不仅可以提高贫困人口的收入水平，还可以扩大有效消费需求，为产业结构调整和升级争取时间。根据调查和计算，在直接投资的项目中，仅异地扶贫搬迁，预计将达到 6000 亿元以上，这不仅会产生巨大的有效投资需求，而且会有效地扩大居民消费，为经济增长创造新的驱动力。同时，贫困地区自然资源和劳动力资源丰富，加快贫困地区发展，可以形成新的经济增长点、增长极、增长带，为经济发展注入新动力。如今，建档立卡贫困人口中，90% 以上得到了产业扶贫和就业扶贫支持，三分之二以上主要靠外出务工和产业脱贫，工资性收入和生产经营性收入占比上升，转移性收入占比逐年下降，自主脱贫能力稳步提高。通过发展减轻贫困与拉动经济增长是相辅相成的。做好扶贫开发工作，不仅有利于优化经济结构，而且有利于创造新的经济增长点。在经济工作全局中，应当更加注重促进城乡区域协调发展，促进贫困地区发展和贫困人口脱贫。

---

① 习近平:《在决战决胜脱贫攻坚座谈会上的讲话》,《人民日报》2020 年 3 月 7 日。

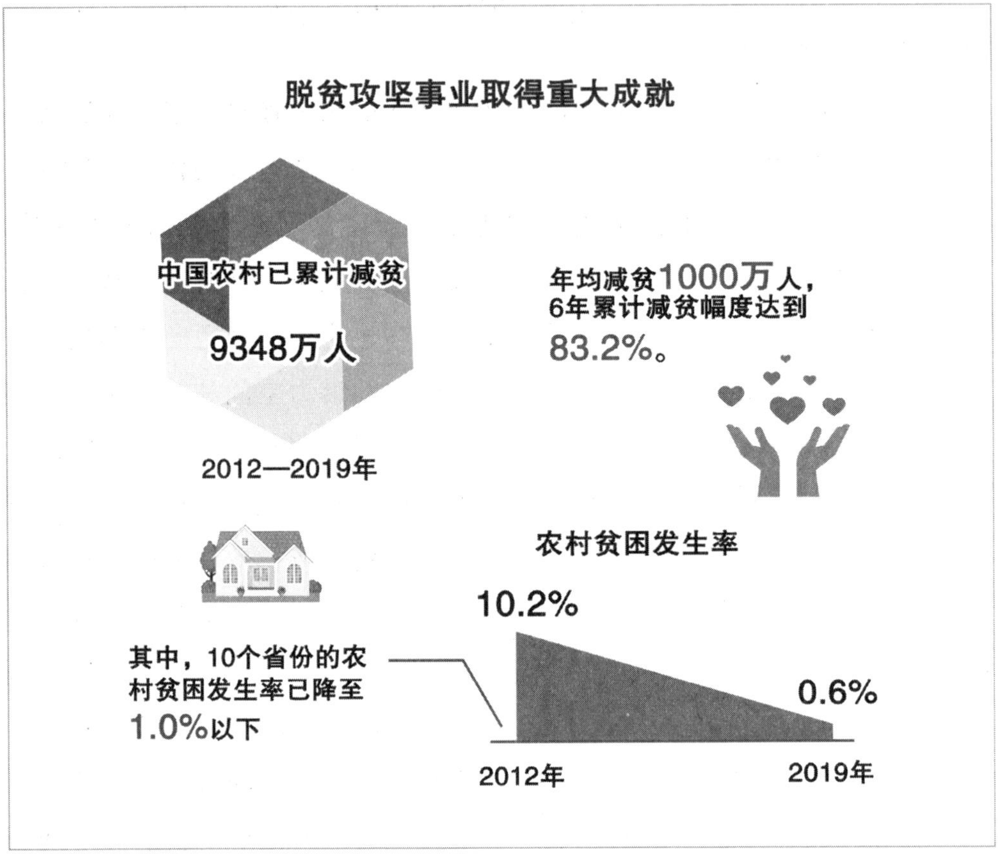

中华人民共和国成立以来，农村贫困人口大幅减少，尤其是改革开放以来，中国农村年均减贫人口逾千万人。

图为2012年至2019年我国脱贫攻坚事业成就数据。

（4）打赢脱贫攻坚战是消除贫困中国方案优势的充分彰显。党的十八大以来，我国所实施的精准扶贫精准脱贫，面对发展中国家扶贫问题的复杂性和艰巨性应实施综合性扶贫策略，面对全球依靠经济增长带动减贫弱化的普遍趋势应发挥政府在减贫中的主导作用，特别是我国自上而下、分级负责、逐级分解与自下而上、村民民主评议相结合的精准识别机制等，不仅是我国对传统扶贫开发方式的根本性变革，而且将成为全球消除贫困事业的模范引领，是经实践所检验的有效解决贫困的科学方法。打赢脱贫攻坚战将充分彰显我国的政治优势和制度优势，是中国特色社会主义道路自信、理论自信、制度自信、文化自信的具体体现。我们不仅把中国减贫方略、减贫经验毫无保留地提供给发展中国家共享，还尽最大努力帮助发展中国家减贫，为全球减贫事业作出新贡献。

二、清醒把握打赢脱贫攻坚战的困难和挑战

打赢脱贫攻坚战，是全面建成小康社会的标志性指标，是解决我国社会主要矛盾的关键之举。习近平总书记强调："脱贫攻坚本来就是一场硬仗，而深度贫困地区脱贫攻坚是这场硬仗中的硬仗。"[①] 我们必须清醒地认识到打赢脱贫攻坚战所面临的困难和挑战，以时不我待、只争朝夕的使命感和责任感，集中力量攻克贫困的难中之难、坚中之坚。

（1）精准脱贫的时间紧、任务重。党的十九大报告指出："必须多谋民生之利、多解民生之忧，在发展中补齐民生短板、促进社会公平正义，在幼有所育、学有所教、劳有所得、病有所医、老有所养、住有所居、弱有所扶上不断取得新进展，深入开展脱贫攻坚，保证全体人民在共建共享发展中有更多获得感，不断促进人的全面发展、全体人民共同富裕。"我国贫困地区发展相对落后，这正是我国新时代发展不平衡不充分最重要最直接的体现。如今，已到了脱贫攻坚收官之年。从 2020 年新年伊始各省（自治区、直辖市）提出的冲刺目标和相关措施中可以看出，脱贫任务依然相当繁重。在完成河北省剩余 13 个国家级贫困县，新疆维吾尔自治区剩余 16.5 万贫困人口、560 个贫困村和 10 个贫困县，辽宁省剩余 1.42 万贫困人口脱贫任务的同时，还要重点巩固扶

① 习近平：《在深度贫困地区脱贫攻坚座谈会上的讲话》，《人民日报》2017 年 9 月 1 日。

持21万已脱贫但年均收入低于5000元的人口。从剩余贫困人口的构成上看，很多是残疾人、孤寡老人、长期患病者等特殊贫困群体以及教育文化水平低、缺乏技能、内生动力不足的贫困群众。尤其是一些革命老区、边疆地区、民族地区、集中连片特困地区，贫困人口多，贫困发生率高。如期实现脱贫攻坚目标任务有如此多硬骨头要啃，2020年初新冠肺炎疫情的暴发又增加了脱贫攻坚的难度。主要表现在：一是外出务工受阻。据国务院扶贫开发领导小组办公室统计，2019年全国有2729万建档立卡贫困劳动力在外务工，这些家庭三分之二左右的收入来自外出务工，涉及三分之二左右建档立卡贫困人口。现在，一些贫困劳动力外出务工受到影响，如不采取措施，短时间内收入就会减少。二是扶贫产品销售和产业扶贫困难。贫困地区农畜牧产品卖不出去，农用物资运不进来，生产和消费下降，影响产业扶贫增收。三是扶贫项目停工。易地扶贫搬迁配套、饮水安全工程、农村道路等项目开工不足，不能按计划推进。四是帮扶工作受到影响。一些疫情严重的地区，挂职干部和驻村工作队暂时无法到岗。① 脱贫任务十分艰巨。

（2）攻克深度贫困堡垒的难度更大。2020年3月6日，习近平总书记在决战决胜脱贫攻坚座谈会上指出："全国还有52个贫困县未摘帽、2707个贫困村未出列、建档立卡贫困人口未全部脱贫。虽然同过去相比总量不大，但都是贫中之贫、困中之困，是最难啃的硬骨头。"深度贫困地区的致贫原因有多种，大体来看主要包括自然条件、历史原因和现实因素等。首先，从自然条件看，深度贫困地区大多生存环境比较恶劣，自然灾害频发多发。其次，从剩余扶贫对象看，老年人、患病者、残疾人的比例达到45.7%。他们有的是患长期病、慢性病，丧失了基本劳动能力；有的是因灾、因伤等致贫返贫；还有的是缺乏基本生产条件。可以说，绝大多数都是特殊困难群体，是经过多轮扶贫都没有啃下来的硬

① 习近平：《在决战决胜脱贫攻坚座谈会上的讲话》，《人民日报》2020年3月7日。

骨头，脱贫难度极大。再次，从地理、历史等方面看，许多深度贫困地区长期封闭，同外界脱节，社会发展滞后，现代文明程度低，陈规陋习依然存在，婚丧嫁娶讲排场、搞攀比，“一婚十年穷”。一些贫困群众要么安于现状，要么“等靠要”思想严重，脱贫内生动力严重不足。随着贫困人口总数减少，内生动力不足的贫困人口占比持续上升，越往后脱贫难度越大。最后，从现实条件看，大多数贫困地区基础设施和基本公共服务发展滞后。一方面，虽然贫困群众“两不愁”质量水平明显提升，“三保障”突出问题也得到总体解决，但稳定住、巩固好还不是一件容易的事情。有的孩子反复失学辍学，不少乡村医疗服务水平低，一些农村危房改造质量不高，有的地方安全饮水不稳定，还存在季节性缺水。另一方面，受限于当地的地理环境及经济发展状况，加强基础设施建设、提高基本公共服务水平，成本高、难度大。正因为很多深度贫困地区产业基础普遍薄弱，缺乏规模效应，项目建设支撑不足，金融资本支持不够，市场发展缺少活力，缺乏能够自主创业自主发展的种养大户和致富能手，缺乏能够对贫困人口增收脱贫产生带动效应的技术人员、经营人员等多种弊端，立足现有产业项目，还存在结构单一、抗风险能力不足问题，对贫困户的带动作用非常有限。

（3）“脱贫了”并不意味着“不返贫”。农村绝对贫困人口实现脱贫和贫困县摘帽，并不意味着农村贫困的消失，也不意味着扶贫工作的结束。贫困是一个相对概念。农村贫困在2020年后仍将以相对贫困和多维度贫困的形式存在，未来的扶贫工作还会继续进行下去。特别值得注意的是，如果目前的脱贫工作质量不高，一些贫困人口即使现在脱贫了，将来也有可能返贫。可见，衡量脱贫攻坚成效，关键要看能否做到不返贫；而做到不返贫，就要实现脱贫攻坚成果可持续。实际上，精准扶贫精准脱贫的难点就在于如何做到稳定脱贫不返贫。这是以习近平同志为核心的党中央在推动精准扶贫精准脱贫过程中反复强调的问题，也是扶

拉博 / 摄

位于四川省凉山彝族自治州昭觉县支尔莫乡的悬崖村阿土列尔村海拔1400多米，与地面垂直距离约800米，村里通向外界需要顺着悬崖断续攀爬17条藤梯，其中接近村庄的几乎垂直的两条相连的藤梯长度约100米。2016年11月19日，连续阶梯最长达105级、最短只有4级，总共约1000级台阶的钢梯工程竣工。

左图为钢梯修建前通往悬崖村的路，右图为钢梯修建后通往悬崖村的路。

贫攻坚成果能否经得起历史检验的关键。[①]2020 年 3 月 6 日，习近平总书记在决战决胜脱贫攻坚座谈会上再次语重心长地说：“已脱贫的地区和人口中，有的产业基础比较薄弱，有的产业项目同质化严重，有的就业不够稳定，有的政策性收入占比高。据各地初步摸底，已脱贫人口中有近 200 万人存在返贫风险，边缘人口中还有近 300 万存在致贫风险。”

① 李小云:《脱贫摘帽重在不返贫》,《人民日报》2018 年 8 月 26 日。

三、贯彻落实打赢脱贫攻坚战的决策部署

党的十九大报告将精准脱贫作为决胜全面建成小康社会必须打好的三大攻坚战之一。2020 年 3 月 6 日，习近平总书记在决战决胜脱贫攻坚座谈会上再次强调："脱贫攻坚战不是轻轻松松一冲锋就能打赢的，从决定性成就到全面胜利，面临的困难和挑战依然艰巨，决不能松劲懈怠。"我们必须深入学习贯彻习近平总书记关于脱贫攻坚的重要论述，真抓实干、齐心协力，坚决攻克最后堡垒，如期打赢脱贫攻坚战。

（1）始终突出政治站位这个首要前提。解决贫困问题、全面建成小康社会，是我们党向世界的宣言、对人民的承诺，是关系我国能否跨越"中等收入陷阱"的关键一步，是巩固党的执政基础的重要举措，意义重大而深远。党的十九大报告指出："坚决打赢脱贫攻坚战。让贫困人口和贫困地区同全国一道进入全面小康社会是我们党的庄严承诺。要动员全党全国全社会力量，坚持精准扶贫、精准脱贫，坚持中央统筹省负总责市县抓落实的工作机制，强化党政一把手负总责的责任制，坚持大扶贫格局，注重扶贫同扶志、扶智相结合，深入实施东西部扶贫协作，重点攻克深度贫困地区脱贫任务，确保到二〇二〇年我国现行标准下农村贫困人口实现脱贫，贫困县全部摘帽，解决区域性整体贫困，做到脱真贫、真脱贫。"这明确了新时代脱贫攻坚的基本方略、工作机制、重点

任务和总体目标。中央扶贫开发工作会议，特别是习近平总书记的重要讲话精神，站位高远、思想深刻，既提出了打赢脱贫攻坚战的指导思想、目标任务，又指明了方法路径和政策措施，是指导当前和今后一个时期扶贫开发工作的思想理论武器和行动指南。当前，全国各地应站在讲政治、讲大局、讲担当的高度，坚定打赢脱贫攻坚战的信心，增强使命感和责任感，切实把脱贫攻坚作为头等大事和第一民生工程来抓，以更加精准的措施持续推进脱贫攻坚向纵深发展，让脱贫成效真正获得群众认可。

（2）始终坚持精准精细这个科学方法。当前，脱贫攻坚已进入啃硬骨头、攻城拔寨的阶段，时间紧、任务重、难度大。打赢脱贫攻坚战，绝非一打冲锋就胜利的易事，关键要聚焦精准抓落实。要精准把脉，对症下药。要吃透政策，真正把脱贫攻坚成效体现出来。一要精准选择扶贫对象。要完善建档立卡，摸准贫困底数。准确识别贫困户是很难的，农村基础薄弱、情况复杂，人口流动性大，再加上人情社会、观念落后等因素，难度更大。要通过做好建档立卡工作，建立扶贫数据共享共用平台，形成识贫、校贫、定贫的精准识贫工作机制。例如，在易地扶贫搬迁上，先定地域后定人，以迁出区域精准划定保证精准识别搬迁对象，明确住房面积、住房质量、自筹资金、不负新债“四条底线”，强化后续帮扶，既做到应搬尽搬，又确保搬迁贫困户搬得出、稳得住、能脱贫。此外，还要对脱贫人口的返贫情况进行调研，探索建立稳定脱贫的长效机制。二要精准选派驻村工作队。对每个贫困村都要派驻村工作队，每个贫困户都要有帮扶责任人。各地要加强驻村干部管理，加强贫困村“两委”建设，选好配强村“两委”班子，培养一支强有力的工作队。要发挥各级党委和政府的力量，实现驻村干部全覆盖。第一书记和驻村干部要发扬“工匠精神”、下足“绣花功夫”，积极帮助群众出主意干实事，用心用情用力推动脱贫攻坚向纵深发展，打通精准扶贫“最后一公里”。

张浪 / 摄

2018 年 2 月，习近平总书记在四川省凉山彝族自治州昭觉县考察时为当地脱贫攻坚工作开出的良方之一就是继续加大易地扶贫搬迁力度，让住在大山深处的彝族同胞搬进安全舒适的新居，解决他们交通出行的难题。

图为该县洒拉地坡乡姐把哪打村易地搬迁后新建的安置房。

三要精准把控扶贫资金。加强纪检、监察、审计、财政监督和群众、社会监督。全面推进贫困县财政涉农资金统筹整合，进一步完善扶贫资金公告公示制度，提升扶贫资金项目的透明度。要以乡村两级组织作为重点，加大指导督促检查，加大惩处力度，保持高压态势，确保资金使用效率和效益。

（3）始终把好作风转变这个关键保障。各级党委、政府特别是主要领导干部要强化使命担当，既要加强对扶贫开发工作的领导，又要弘扬“工匠精神”，深入脱贫攻坚一线，亲自抓、带头干，用心用情用力抓好精准扶贫精准脱贫各项工作落实。对扶贫系统的党员干部来说，坚决打赢脱贫攻坚战就是最大的政治，要用打赢脱贫攻坚战来对表，来检验“四个意识”是否牢固、“两个维护”是否坚决，用实际行动在新时代中国特色社会主义的伟大实践中体现政治忠诚和政治担当。要坚持以“三严三实”作风抓落实，建立健全军事化管理机制，实施挂图作战，倒排时间表，制定路线图，立下军令状，层层压实脱贫攻坚责任。要按照中央要求，继续实行最严格的考核评估制度，倒逼各地落实脱贫攻坚工作责任，把求真务实的导向立起来，把真抓实干的规矩严起来，确保脱贫结果经得起历史和实践的检验。要贯彻全面从严治党要求，坚持把纪律挺在前面，在脱贫攻坚战中考察干部，对那些搞虚假脱贫、数字脱贫、一兜了之等弄虚作假、不实不准、敷衍了事的行为加强监督执纪问责，对在贫困地区作出优异成绩的党员干部要给予奖励和重用，做到正向激励和反向问责“两手都要硬”。在脱贫工作中，要大力营造凭实绩选人用人的导向和风清气正的政治生态，为打赢脱贫攻坚战提供坚强组织保障。

第三讲
统筹把握脱贫攻坚重大关系

党的十九大报告指出，确保到 2020 年我国现行标准下农村贫困人口实现脱贫，贫困县全部摘帽，解决区域性整体贫困，做到脱真贫、真脱贫。当前，脱贫攻坚已进入啃硬骨头、攻坚拔寨的关键时期，要完成好这项系统性工程、把扶贫脱贫工作引向纵深，就必须统筹处理好脱贫攻坚中的重大关系。

一、脱贫标准和全面小康的关系

精准脱贫是决胜全面建成小康社会的三大攻坚战之一，是全面建成小康社会的基础前提、基本标志和底线任务。必须以更大决心、更精准思路、更有力措施，实施脱贫攻坚工程，精准扶贫精准脱贫，消除贫困。

全面建成小康社会是中国特色社会主义现代化建设的重要目标，是建成富强民主文明和谐美丽的社会主义现代化强国的重要基础，归根结底是为了实现人民对美好生活的向往。“小康”一词出自先秦时期的《诗经·大雅》。1979 年，邓小平在会见日本首相大平正芳时使用“小康”来描述中国式的现代化。从此，“小康”一词进入人们的视野，并且成为中国人民所向往的美好生活的代名词。1986 年，邓小平进一步指出，“所谓小康社会，就是虽不富裕，但日子好过”①。此后，建设小康社会就成为中国共产党的阶段性奋斗目标，十二大后历次党的代表大会都作了专门阐述，其内容也不断丰富。党的十六大报告提出“全面建设小康社会”，在人民生活基本达到小康水平的基础上，用 20 年的时间，全面建设惠及十几亿人口的更高水平的小康社会。党的十八大报告再次对“小康”社会的目标进行了充实和完善，首次提出“全面建成小康社会”。

①《邓小平文选》第三卷，人民出版社 1993 年版，第 161 页。

以习近平同志为核心的党中央，接过历史的接力棒，带领全党全国各族人民奋发有为推进中国特色社会主义伟大事业，不仅要全面建成小康社会，还要为实现第二个百年奋斗目标和实现中华民族伟大复兴的中国梦拼搏奋进。“小康”是中国古代先贤的理想，更是当代中国人民的愿景。

全面建成小康社会，强调的不仅是“小康”，更重要且更难做到的是“全面”。“小康”描述的是发展水平，“全面”描述的是发展的平衡性、协调性、可持续性——全面小康是惠及全体人民的小康，覆盖的人口要全面；是城乡区域共同的小康，覆盖的区域要全面；是经济、政治、文化、社会、生态文明五位一体的全面小康，覆盖的领域要全面。全面建成小康社会，所有民族、所有地区、所有家庭都必须达到水准，一个都不能少。正如习近平总书记在党的十八届五中全会第二次全体会议上所强调的：“虽然全面小康不是人人同样的小康，但如果现有的七千多万农村贫困人口生活水平没有明显提高，全面小康也不能让人信服。”[①] 如果只在总量和速度上完成目标，但发展不平衡、不协调、不可持续问题更加严重，短板更加突出，就算不上真正实现了目标，也无法得到人民群众和国际社会的认可。

农村贫困人口脱贫是全面建成小康社会最艰巨最繁重的任务，其脱贫数量和质量直接决定第一个百年奋斗目标能否如期实现。小康不小康，关键看老乡。没有农村的小康，没有贫困地区的小康，就无法全面建成小康社会。全面建成小康社会，不是一个“数字游戏”或“速度游戏”，而是一个实实在在的目标。在保持经济增长的同时，更重要的是落实以人民为中心的发展思想，想群众之所想、急群众之所急、解群众之所困，在学有所教、劳有所得、病有所医、老有所养、住有所居上持

① 中共中央文献研究室编：《十八大以来重要文献选编》（中），中央文献出版社 2016 年版，第 832 页。

董乃德 / 摄

近年来，山东省枣庄市台儿庄区邳庄镇尚庄村在乡村振兴服务队的指导下，建起了千亩精品水稻示范园，其中包括流转的村内 9 户贫困户 19 人的水稻田。示范园内进行水稻品种改良、稻蟹立体养殖、稻田图画观光等综合生产，引导贫困户进行育秧、插秧、稻田管理等工作。一季水稻生产中，每户贫困户可增收 3000 元以上，有效地帮扶了贫困户脱贫。

图为 2019 年 11 月 7 日，该村千亩精品水稻示范园里的稻田画。

续取得新进展。由此，必须打好精准脱贫攻坚战，无论这块硬骨头有多硬都必须啃下，无论这场攻坚战有多难打都必须打赢，全面小康路上不能忘记任何一个民族、任何一个家庭、任何一个人，必须让全国各族人民都过上幸福美好的生活。

二、精准到户和整体推进的关系

我国幅员辽阔，各地区的自然条件、区位因素、资源禀赋迥异，发展水平悬殊。精准到户和整体推进都是扶贫的有效方式，扶贫工作应从实际出发，因地制宜、因人而异，形成有效联动机制，确保到 2020 年现行标准下贫困人口全部脱贫。

精准扶贫是我们党根据我国经济社会发展的阶段性特征作出的战略部署，它将扶贫工作重心从瞄准区域转向瞄准农户，从微观层面提高贫困群众和贫困地区的自我发展能力，目前已经取得明显成效。然而，如果仅实施精准扶贫，而忽略或停止区域扶贫，则忽视了二者的辩证关系、有失偏颇。精准到户与整体推进既有区别又有联系，两者互为支撑。精准到户最终要达到整体推进的效果，整村推进、整乡推进、整县推进，才是全面建成小康社会目标的基本要求和根本方向。整体推进脱贫攻坚各个环节的扎实工作，使扶贫脱贫不留死角、不留烂尾，实现所有扶贫对象如期脱贫，则要在精准到户、精准扶贫上下功夫。

精准到户之于整体推进是“以点筑面”，强调精准到村、精准到户、精准到人，更注重点上的、微观层面的、个体的对象，通过一人一户的脱贫降低区域扶贫难度。例如，在贫困发生率较低、贫困人口零散分布、自然地理条件较好的地区，就可以贯彻一户一策的方针，确保整个片区整体脱贫。整体推进之于精准到户是“以面带点”，强调宏观的、整体的脱贫发展，其对象一般是连片特困区域，为精准扶贫提供良好环境和有利条件。例如，对于贫困状况严重、存在大面积连片贫困、自然地理条件恶劣的地区，可在找准贫困户致贫的共性原因基础上，集中力量实施片区开发，改善阻碍区域发展的生产生活条件。

我国扶贫攻坚中的重中之重、难中之难、焦点中的焦点就是“三区三州”，即西藏、新疆南疆四地州、四省藏区和四川凉山州、云南怒江州、甘肃临夏州。这些深度贫困地区，不仅贫困发生率高、贫困程度深，而且基础条件薄弱、致贫原因复杂、发展严重滞后、公共服务不足。这些地区要更加注重统筹好精准到户与整体推进的关系。截至 2019 年年底，“三区三州”还有贫困人口 172 万人，中央已明确要将政策、资金重点向“三区三州”等深度贫困地区倾斜，优化政策供给、强化措施落地，提升产业扶贫质量，为“三区三州”打好打赢脱贫攻坚战提供可靠保障，坚决啃下这块硬骨头。要给“三区三州”办实事、“吃小灶”，统筹各类措施倾斜支持当地特色优势产业发展，指导制定“三区三州”产业扶贫行动计划，从强化产业指导、技术援助、人员培训、营销帮扶、品牌打造等方面，拿出帮扶举措。强化特色农业发展科技帮扶，向深度贫困地区选派农业科技服务团。帮助提升龙头带动能力，加大对“三区三州”新型经营主体培育力度。推进营销和品牌打造，让好产品卖得出好价钱。着力解决“两不愁三保障”突出问题，完成好饮水安全、控辍保学、健康扶贫、住房安全等工作。要扎实推进易地扶贫搬迁建设，强化后续帮扶，做好搬迁人口社会融入，引导贫困群众逐步接受现代文明。瞄准突出问题和重点任务精准发力，确保“三区三州”同全国一道进入全面小康社会。

鲁丹阳 / 摄

在多省份支援下，青海省推动藏区经济社会发展质量变革、效率变革和动力变革，以实现区域协调发展。

图为该省海南藏族自治州兴海县易地扶贫搬迁安多民俗文化村集中安置点内部商业区。

三、政府、市场和社会的关系

扶贫脱贫是一项涉及经济、政治、文化、社会、生态文明等多重因素的系统工程，必须动员全党全国全社会力量，处理好政府、市场与社会的关系。各级党委、政府是扶贫脱贫工作的主导者和责任人，但要扭转在扶贫攻坚中单打独斗的局面，解决好“干部热群众冷、政府忙社会闲”的问题，动员各类社会力量参与扶贫攻坚，补齐贫困地区的资金短缺等民生短板，着力构建政府、市场、社会“三位一体”大扶贫格局。通过财政、税收等政策，鼓励支持民营企业、社会组织、个人参与扶贫开发，推动形成专项扶贫、行业扶贫、社会扶贫协同联动机制，实现社会帮扶资源和精准扶贫有效对接，共同努力实现脱贫攻坚。

我国的扶贫开发特别强调要充分发挥政治优势和制度优势，以改革创新为推动力量打赢脱贫攻坚战。由此，政府必须发挥主导作用，推动各项扶贫脱贫实践不断向前发展，确保现行标准下农村贫困人口到2020年如期脱贫。除了直接的财政支持外，交通扶贫、就业扶贫、水利扶贫、金融扶贫、教育扶贫、健康扶贫等多样化脱贫方式，仅靠政府难以有效完成，还要依托市场平台与社会力量。

贫困群众要真正实现脱贫，根本上在于获取创造价值的劳动能力，并通过市场实现创收、增收。近年来，成功脱贫的贫困地区和贫困群众，绝大多数都是建立了具有市场竞争力的产业、企业，具有了持续的“造血”能力。四川省甘孜藏族自治州理塘县，海拔高、水资源好、日照充足、生态环境好，多家农产品种植企业取得有机食品认证。该县于2017年成功申报“国家级电子商务进农村综合示范县”项目，以电子商务平台为抓手，为边远农村的生态农牧产品进城提供畅通渠道，适应了市场需求，实现了持续增收。

在近几年的扶贫攻坚实践中，金融扶贫力度不断加大，在扶持贫困地区产业发展等方面发挥了重要作用。而要进一步提高金融扶贫效益、实现可持续发展，就必须处理好其中的政策性扶持与市场化运作的关系。一方面，要加强对金融扶贫的政策扶持，弥补金融机构为贫困对象提供金融服务的收益损失，通过运用差别存款准备金率、再贴现等政策工具，对扶贫金融机构进行正向激励；采取税收优惠、财政补贴、政策性担保等办法，鼓励金融机构将信贷资源投向扶贫产业；为贫困地区普惠金融机构发展网点、拓展业务创造条件和提供方便。另一方面，要维护金融扶贫的市场化运作，确保金融扶贫收益。金融扶贫不是无偿投入，而是要以可持续为原则进行市场化运作，着力提高扶贫资金的利用效率。从金融机构来说，应实现保本微利和可持续运营。从扶贫对象来说，应实现扶贫产业可持续发展和贫困人口持续增收。从近年的实践来看，在政府引导和动员下，金融扶贫取得了明显成效。

社会组织以其良好的群众基础、便捷的平台渠道而具有个性化、精细化、专业化的优势，已成为一股方兴未艾、不可或缺的扶贫力量。以往社会组织扶贫，多停留在公开募捐等老一套办法，渗透力与持久力较差，难以适应扶贫攻坚的深度要求。当前，对个人和非政府组织针对贫困地区和人口的捐赠、扶助、收养等行为的立法立规还远未完善，社会合力助推扶贫的格局尚在完善。应着力解决阻碍社会力量参与扶贫的体制机制弊端，建立社会力量参与扶贫的有效激励。同时，应加快扶持以扶贫为主要任务的非政府组织，使其成为帮扶贫困群众的重要力量。

四、扶贫和扶智、扶志的关系

2016年7月，习近平总书记在东西部扶贫协作座谈会上指出，摆脱贫困首要并不是摆脱物质的贫困，而是摆脱意识和思路的贫困。贫穷并不可怕，怕的是智力不足、头脑空空，怕的是知识匮乏、精神委顿。脱贫致富不仅要注意富口袋，更要注意富脑袋。贫困群众既是脱贫攻坚的对象，更是脱贫致富的主体。要注重扶贫同扶志、扶智相结合，把外部帮扶与激发贫困群众内生动力结合起来，把贫困群众积极性、主动性、创造性充分调动起来，引导其树立主观能动意识，发扬自力更生精神，激发改变贫困面貌的干劲和决心，靠自己的努力创造美好生活。

扶贫先扶志。脱贫攻坚最难的部分，就是解决贫困群众的思想动力问题。深究贫困之因，在物质匮乏之下，除恶劣的自然地理等客观条件之外，往往还有精神惰怠、认知肤浅等主观原因，或缺乏脱贫致富的勇气，或缺乏吃苦耐劳的毅力，或缺乏人穷志不短的理念。这些都导致贫困群众无法融入市场经济热潮，不能在发展中自蓄动能、自我奋进，只能等靠要，向上伸手、怨天尤人。不思进取、安于现状的贫困是最难消除的贫困。因而，扶贫先要扶志，从思想上淡化贫困意识、坚定脱贫信心，不要言必称贫、处处说贫，而要铆足精气神、立志拔穷根。扶贫工作既要送温暖，更要送信心，从思想上、精神上帮扶，帮助贫困群众树立脱贫致富的信心和斗志，营造“脱贫光荣、懒惰可耻、自尊自强、自

翟羽佳 / 摄

秦敬博来自中国国家级贫困县石家庄市赞皇县，他的家在太行山深处一个只有70余户人家的贫困山村里。他是石家庄市“山区教育扶贫工程”帮扶的首批学子，从太行山走出来这几年，见证了教育扶贫改变命运的成效。
图为秦敬博与母亲下地干活的情景。

食其力”的舆论氛围和社会风气，鼓励他们用自己的双手创造幸福美好生活。

扶贫必扶智。思想落后、人才匮乏是制约贫困地区脱贫的瓶颈。教育是“拔穷根”、阻止贫困代际传递的重要途径，要把发展教育作为摆脱贫困的重要方式。在基础教育方面，加大对农村地区、民族地区、贫困地区的支持力度，让每个孩子都能接受有质量的教育，不要让孩子输在起跑线上；在高等教育方面，采取提供奖学金助学金、对口支教等方式，多渠道解决贫困家庭因学致贫问题，帮助贫困学生获得接受教育的条件，使他们有机会通过知识改变自身命运；在职业教育方面，增强技术培训指导，提供就业创业机会，努力让每个人都有人生出彩的机会。

甘肃省临夏回族自治州是六盘山片区乃至全国扶贫攻坚难度最大的地区之一，当地存在不少“靠着墙根晒太阳，等着别人送小康”“安于现状、甘于贫困”“宁愿苦熬、不愿苦干”的现象。近年来，临夏回族自治州积极探索有效的精准脱贫新路子，以两户见面会、“三说三抓”“以德扶贫”等活动为抓手，激活群众脱贫“原动力”。组织脱贫攻坚巡回宣讲团，让脱贫典范、帮扶干部深入田间地头为贫困群众讲经验、讲政策、讲形势，解决贫困户信心不足、动力不强、技能缺乏等突出问题，引导贫困户树立自强自立、自力更生、不等不靠的信心。针对农村人口务工实际，临夏回族自治州开设月嫂、保安、家政、电工、电焊等短期技能培训班，开展劳动力职业技能培训，解决贫困群众没有一技之长的问题，激活贫困户自身的积极性、主动性，实现了志智双扶。

五、开发式扶贫和保障性扶贫的关系

开发式扶贫是我国扶贫开发的基本方针。习近平总书记强调："我们坚持开发式扶贫方针，引导和支持所有有劳动能力的贫困人口依靠自己的双手创造美好明天。"① 自 1986 年以来，我国逐渐建立和完善了一整套开发式扶贫的组织机构、管理制度和政策体系，有力地保障和支持了全国农村扶贫开发战略的顺利执行。通过开发式扶贫解决大规模贫困问题的做法和经验，构成了中国特色扶贫理论的重要基础。开发式扶贫是对过去单纯救济扶贫方式的扬弃，即从"输血式"扶贫向"造血式"扶贫转变。国家对扶贫提供必要的支持，主要用于帮助更好地利用贫困地区的资源，进行开发性生产建设，贫困地区和贫困群众依靠自己的努力实现脱贫致富，而不是直接依赖国家转移支付脱贫。开发式扶贫主要适用于贫困人口规模大且相对集中的地区，贫困人口具有基本的劳动能力、有一定的资本积累，其主要方式包括整村推进、产业扶贫、以工代赈、易地扶贫搬迁、科技扶贫、就业扶贫、教育扶贫等。

随着扶贫工作的不断深入，我国的脱贫攻坚取得了重大成就。截至 2019 年年底，我国农村贫困人口数量已降至 551 万，贫困发生率降至 0.6%。同时，贫困人口结构发生了变化，呈现新的特征：贫困人口分布

① 习近平:《在决战决胜脱贫攻坚座谈会上的讲话》,《人民日报》2020 年 3 月 7 日。

钟欣 / 摄

2019年5月18日，“中国健康好乡村”健康扶贫项目正式落户甘肃省甘南藏族自治州卓尼县。同时，由中央统战部指导的“同心·共铸中国心”大型公益活动组委会出资30万元成立甘肃卓尼“因病返贫救助基金”，助力健康中国建设。

图为卓尼县“因病返贫救助基金”暨“中国健康好乡村”公益项目合作框架协议签约仪式现场。

分散，生存条件恶劣，致贫原因多样，扶贫成本高，返贫概率大。这是因为随着开发式扶贫的全面推进，有脱贫条件、有劳动能力的贫困人口基本都摆脱了贫困，剩余的贫困人口大多是丧失劳动能力的老年人、残疾人、重病人等。这部分贫困人口依靠开发式扶贫来实现脱贫的难度极大，政府扶贫开发投入边际效益极低，且返贫现象多、返贫率高，呈现一种极为脆弱的状态。对这部分贫困人口，只能通过保障性的扶贫“托底”，维持他们基本的生存与发展权利，提升脱贫质量和扶贫绩效。

事实上，几十年来，我国在实施开发式扶贫这一基本方针的同时，也在不断织就和完善扶贫兜底的社会安全网，救济式扶贫理念由“救济”转化为“救助”，实现了政府对公民生存权益的基本保障。我国救济扶贫政策的发展从碎片化的分散状态，转变为体系化的新兴扶贫救助制度设计，系统构建了综合性社会救助制度体系，并通过立法实现了制度发展的规范化。我国在 1997 年和 2007 年分别建立了城市居民最低生活保障制度和农村最低生活保障制度；2011 年，提出了“一达标、两不愁、三保障”的脱贫目标，要求满足贫困人口不愁吃、不愁穿和教育、医疗、住房等保障需求；2017 年，实行了健康扶贫工程“三个一批”行动计划，新型农村合作医疗和大病保险制度对贫困人口实行政策倾斜，门诊统筹率先覆盖所有贫困地区，降低贫困人口大病费用实际支出，加大医疗救助、临时救助、慈善救助等帮扶力度，将贫困人口全部纳入重特大疾病救助范围，大幅减少贫困人口因病致贫、因病返贫的概率。

总体来看，开发式扶贫为保障性扶贫提供物质基础，保障性扶贫是开发式扶贫的有效补充。把二者有效衔接起来，努力做到应扶尽扶、应保尽保，才能明确脱贫时限、保证脱贫质量、实现稳定脱贫，确保规范有序、如期脱贫，并有效遏制返贫。

第四讲
把握脱贫攻坚着力点

脱贫攻坚是一个系统工程，涉及的内容非常多、涉及的领域也很广，只有深刻理解习近平总书记关于脱贫攻坚重要论述的精神实质，结合国情和国家经济社会发展的走势，精准把握脱贫攻坚关键时期的着力点，不断进行探索和创新，才能把脱贫攻坚打造成党和人民都满意的伟大工程。

一、着力激发贫困人口内生动力

脱贫攻坚重在精准，难在可持续。只有激发贫困群众的内生动力，才能让脱贫可持续、致富有干劲。如何激发贫困地区、贫困群众的内生发展动力，建立健全脱贫攻坚长效机制，确保脱贫成果可持续，是值得研究思考的重大问题。

（1）培育内生动力是全面打好精准脱贫攻坚战的根本。当前，我国的扶贫工作主要以党委、政府为主导，扶贫干部帮扶为主，一些贫困户最关心的问题是“政府能给我多少钱”，而不是“我该怎么做才能脱贫”，脱贫内生动力明显不足。调研发现，部分贫困群众安于现状，“等靠要”思想严重。有的认为“穷占便宜富吃亏”，把扶贫资金看作净收益，已经达到脱贫标准了也不愿摘帽；有的认为“脱贫是干部的事，我不脱贫干部难交差”；有的认为直接发钱最实惠，对项目徘徊观望，只关心“赔了谁负责”。这些现象在深度贫困地区尤为常见，成为攻克深度贫困堡垒的一个难题。究其根本原因，主要是贫困户思想封闭落后，摆脱贫困状况、想过美好生活的动力严重不足，习惯小农思想，自身条件较差；同时，脱贫推进机制不够灵活，贫困群众脱贫的自身动力匮乏，缺乏扶贫光荣、脱贫光荣的社会氛围。精准扶贫，光有一个个扶贫干部的一腔热情和身体力行，是远远不够的。贫困人口个体或者群体发自内心的脱贫致富强烈愿望和自发动力直接决定脱贫攻坚的最终成效。弱鸟必须先飞，至贫可能先富，但能否实现“先飞”“先富”，首先要看贫困人口头脑里有无这种意识。2017 年 6 月 23 日，习近平总书记在深度贫困地区脱贫攻坚座谈会上指出:“我在福建宁德工作时就讲‘弱鸟先飞’，就是说贫困地区、贫困群众首先要有‘飞’的意识和‘先飞’的行动。没有内在动力，仅靠外部帮扶，帮扶再多，你不愿意‘飞’，也不能从根本上解决问题。”然而，从帮扶工作来看，一些地方出现干部作用发挥有余、群众作用发挥不足现象，有的地方为了省事、赶进度，大包大揽、送钱送物，于是，“干部干，群众看”“干部着急，群众不急”。因此，要着力激发贫困群众的内生动力，让贫困群众自己有迫切致富的志向，因势利导，发动他们寻找致富奔小康的正确道路。

（2）培育内生动力就是要积极发挥广大干部群众的能动作用。打好脱贫攻坚战，关键在人，关键在人的观念、能力、干劲。脱贫攻坚，靠的是广大干部群众齐心干。要激发贫困地区的干部群众拥有走出贫困的志向和内生动力，以更加振奋的精神状态、更加扎实的工作作风，自力更生、艰苦奋斗，凝聚起打赢脱贫攻坚战的强大力量。其一，要着力提高并保持其开展精准扶贫精准脱贫的动力。充分发挥基层组织的战斗堡垒作用，开展基层干部精神扶贫工作培训，调动驻村工作队、第一书记、专家学者、道德模范、致富能手、乡贤寨老、心理工作者共同参与，鼓励他们在艰苦条件下、在攻坚克难中成长为可以担当重任、能打硬仗的高素质干部。通过抓好各级扶贫干部学习培训，帮助县级以上领导干部树立正确政绩观，掌握精准脱贫方法论，提高研究攻坚问题、解决攻坚难题的能力；帮助基层干部，切实提高精准扶贫实际操作能力。要努力改进工作方式方法，改变简单给钱、给物、给牛羊的做法，多采用生产奖补、劳务补助、以工代赈等机制，不大包大揽，不包办代替，教育和引导广大群众用自己的辛勤劳动实现脱贫致富。通过农工联合、农旅融合、农工商一体等方式，引进龙头企业，扶持合作组织，打造各类特色

高东风／摄

2020 年 1 月 19 日，广西壮族自治区都安瑶族自治县 2020 年春节联欢晚会上表演的壮语快板《脱贫不是等靠要》。

基地，形成“企业 + 合作组织 + 基地 + 农户”的农业农村经营体系，构建“一二三产业 + 生产、生活、生态”融合化的产业经营链条，积极探索种植养殖业及其深加工，引导市场主体与基地、农户利益结对，激发乡村内生动力，让农民获得生产、加工、销售、服务全程的利润红利，拓宽农民收入渠道，带动农民增收致富。其二，要注重调动贫困群众的积极性、主动性、创造性，将扶贫与扶志相结合。党的十九大报告明确提出扶贫同扶志相结合的要求，将提升贫困人口脱贫攻坚的主动性、积极性、创造性摆在了更加突出的位置。

二、着力改善深度贫困地区发展条件

2017年6月23日，习近平总书记在深度贫困地区脱贫攻坚座谈会上指出：“脱贫攻坚本来就是一场硬仗，而深度贫困地区脱贫攻坚是这场硬仗中的硬仗。我们务必深刻认识深度贫困地区如期完成脱贫攻坚任务的艰巨性、重要性、紧迫性，采取更加集中的支持、更加有效的举措、更加有力的工作，扎实推进深度贫困地区脱贫攻坚。”深度贫困地区之所以是脱贫攻坚的坚中之坚，很大程度上是由于深度贫困地区的地理、历史和文化特点制约了当地群众减贫和发展的动力和能力。要实现可持续脱贫，必须正视贫困人口自身的动力和能力。

不利的自然环境和物质条件限制了深度贫困地区的自我发展能力。首先，深度贫困地区自然环境恶劣。深度贫困地区缺乏有利于脱贫能力形成和发展的环境和条件。连片的深度贫困地区，特别是“三区三州”等地区，地理位置偏远，地广人稀，生存条件艰苦，自然灾害多发，资源贫乏，贫困发生率普遍偏高。有些地区地处山地，农业生产大都是在坡地上进行，耕地面积较少，难以进行机械化生产、发展规模农业，长期以来造成现代化农业生产水平低下。其次，深度贫困地区基础设施和基本公共服务缺口较大。由于历史、区位、生态等方面的原因，这些深度贫困地区村庄散落、居住分散，长期以来，水、路、电、网等基础设施建设成本高，施工难度大，脱贫的硬件基础相对薄弱。与此同时，这些地方居民的生产生活条件相对较差，在教育、医疗、养老、就业等农村基本公共服务方面，由于地方财力有限，针对“老、病、残”等特殊贫困群体的托养、护理、康复、特教等方面的服务供给相对不足。生产生活条件的落后、公共基础设施的不健全、交通与通信的不发达等外部条件，限制了深度贫困地区施展自我生存和发展能力的空间。最后，“近邻效应”影响深度贫困地区发展动力和能力。研究空间地理贫困和贫困集聚现象的国外学者认为，从空间格局的分布来看，贫困地区、县、村呈集中连片状，贫困集聚特征较为明显。邻里作为最基本的社会单元，集中连片的深度贫困地区的自然、地理条件和文化观念、传统习俗相近，安于现状的思想观念在村域、县域的空间范围内相互影响并不断扩散，对周边居民改变当地经济发展的愿望有着潜移默化的影响。脱贫愿望不强烈、脱贫动力不足使他们不会发挥自己的主观能动性去加强自身的脱贫能力，导致深度贫困地区长期处于低水平的发展阶段，陷入贫困陷阱。

建立健全深度贫困地区的基本公共服务体系。基础设施和基本公共服务体系建设，既是贫困地区发展能力的体现，也能为贫困地区的进一步发展提供坚实的后备保障和良好的外部环境。近年来，虽然国家大力推进基本公共服务均等化并取得了一定成效，但深度贫困地区的基本公共服务依然不完善，甚至很难满足当地居民生产生活的基本需要。除了公共教育、劳动就业创业、社会保险、医疗卫生、社会服务、住房保障、文化体育等基本公共服务以外，生产性的公共服务对深度贫困地区的发展尤为重要。当前，不少深度贫困地区缺乏资金、技术，农业生产停留在初步的采集阶段，农业产品多为粗加工，加上交通不便，农产品很难流通出去，产业结构较为单一。解决这些问题，需要从以下几个方面入手。其一，完善基本公共服务体系的基本保障。贫困群体以年龄大、体弱多病、无劳动力人群居多，要加强医疗、养老等方面的社会保障兜底

刘忠俊/摄

2019年7月7日，历经三年的艰苦奋战，位于云南、贵州、四川三省交界处的鸡鸣三省大桥主拱圈成功合龙。该桥连接的四川省叙永县和云南省镇雄县均为国家级贫困县，该桥建成后将有力助推当地脱贫攻坚。
图为鸡鸣三省大桥主拱圈合龙现场。

服务，提升深度贫困主体的生存发展和抗击风险的能力，减少返贫的可能性。在财政支出结构上，要加大国家的财政支持力度。要加大缓解经济和健康贫困为主的社会保障民生支出的比重，强化教育、医疗卫生和养老卫生支出的均等化作用，保证深度贫困地区人力资本的质量和存量。其二，扩大生活性基础设施的覆盖面。如大力实施电力扶贫，通过加强电网建设，加快解决网架结构薄弱、供电质量偏低等问题，实现农网动力电全覆盖。加大深度贫困地区互联网基础设施建设投资力度，加快实现深度贫困地区贫困村网络全覆盖。大力推进贫困地区农村人居环境整治。通过开展贫困地区农村生活垃圾治理专项行动，实现农村生活垃圾治理、卫生厕所改造，改善贫困地区村庄人居环境。面对新冠肺炎疫情带来的影响，习近平总书记指示："要加快扶贫项目开工复工，易地搬迁配套设施建设、住房和饮水安全扫尾工程任务上半年都要完成。"① 其三，加大深度贫困地区生产性公共服务力度。完善农业生产中的生产加工机器、配套的物流设施等。整合资金、统一规划、统筹实施，推进深度贫困地区农村土地综合整治和高标准农田建设。"要想富，先修路"，一方面，要尽快实现具备条件的乡镇、建制村通硬化路。另一方面，要推进国家铁路网、国家高速公路网连接贫困地区项目建设，加快贫困地区普通国省道改造和支线机场、通用机场、内河航道建设，并在贫困地区加快建成外通内联、通村畅乡、客车到村、安全便捷的交通运输网络。此外，要大兴水利扶贫。除了加快小型水利工程建设以外，还要推动在建重大水利工程建设进度。

① 习近平：《在决战决胜脱贫攻坚座谈会上的讲话》，《人民日报》2020 年 3 月 7 日。

三、着力解决深度贫困地区群众特殊困难

贫困人口全部脱贫，是全面建成小康社会的底线任务和标志性指标。随着脱贫攻坚战的深入推进，攻坚重点和难点呈现两大鲜明特点，即在地域上向深度贫困地区聚集，在人群上向特殊贫困群体聚集。聚焦深度贫困地区群众特殊困难，对于打赢脱贫攻坚战更具有决定性意义。

现阶段，特殊贫困群体主要是指完全丧失劳动能力和部分丧失劳动能力且无法依靠产业就业帮扶脱贫的贫困人口，以及农村大病患者或重度残疾人等。当前，根据数据分析，建档立卡贫困人口中大多数是老病残等特殊群体。随着脱贫攻坚进程的不断深入，这些特殊贫困群体的比例还会提高。针对这一特殊群体，党中央明确提出通过强化综合保障性扶贫，分类扶持，精准施策，切实提高特殊贫困群体生活质量和水平，共享经济社会发展成果。这也就意味着，针对无业可扶、无力可扶的特殊贫困群体，应当调整攻坚的打法，从以开发式扶贫为主向坚持开发式和保障性扶贫相统筹转变。

（1）完善城乡居民基本养老保险制度。扶贫工作中，既要健全农村低保对象的认定方法，将符合条件的贫困人口全部纳入低保范围，同时还要加强农村建档立卡工作和农村低保对象的认定这两项工作的相互衔接。对符合条件的贫困人口由地方政府代缴城乡居民养老保险费。尤其是要完善农村低保制度，将特殊贫困人口全部纳入低保范围。鼓励各地

通过互助养老、设立孝善基金等途径，创新家庭养老方式。

（2）深入实施健康扶贫工程。要将特殊贫困人口全部纳入城乡居民基本医疗保险、大病保险和医疗救助的保障范围。加大医疗救助和其他保障政策帮扶力度，切实降低贫困人口就医负担。贫困人口因病致贫的一个最主要的原因就是看病支出负担太重。通过基本医保、大病保险和医疗救助这三项措施，降低特殊困难群众就医支出负担。

（3）保障住房安全。通过加快实施易地扶贫搬迁和农村危房改造等措施解决贫困群体的住房安全，同时鼓励通过置换或长期租赁闲置农房的方式解决他们的基本住房安全问题。在易地扶贫搬迁方面，在自然条件和发展环境异常恶劣的地区，搬迁前要按照国家易地扶贫搬迁政策的要求，结合推进新型城镇化，提高集中安置比例，鼓励实施整村整组搬迁；搬迁中应稳妥推进分散安置并强化跟踪监管，完善安置区配套基础设施和公共服务设施，严守贫困户住房建设面积和自筹资金底线；搬迁后要做到统筹各项扶贫和保障措施。加强安置区社区管理和服务，切实做好搬迁群众户口迁移、上学就医、社会保障、心理疏导等接续服务工作，特别是要按照以岗定搬、以业定迁原则，加强后续产业发展和转移就业工作，确保贫困搬迁家庭至少一个劳动力实现稳定就业。通过这些引导，培养搬迁群众养成良好生活习惯，使其尽快融入新环境新社区。此外，要强化易地扶贫搬迁督促检查，确保高质量完成易地扶贫搬迁目标任务。

（4）保障义务教育。“知识改变命运。”由于知识缺乏、技术落后、思想观念保守，深度贫困地区的贫困人群很难培养自己的“造血”能力，激发自我生存发展的动力。因此，“扶贫先扶智，治穷先治愚”，有质量的教育是阻断贫困代际传递的有效手段。在深度贫困地区的脱贫攻坚中，政府应重视深度贫困地区的教育发展，通过提升人的思想水平和认知能力，从根本上培育和提升脱贫能力。其一，在深度贫困地区普及九年义务教育。面向深度贫困地区的人群宣传义务教育的重要性，增加人

贺俊怡 / 摄

贵州省镇宁县在工业园区易地扶贫安置点景宁小区内，成立“锦绣计划·巧手脱贫”示范基地和“镇宁民族文化产业街区”，结合“锦绣计划”，发展民族特色手工产业，鼓励少数民族妇女在家就业。
图为 2019 年 4 月，示范基地内少数民族妇女正在制作工艺品木娃。

们对教育的重视程度，让适龄儿童全面接受教育；加大控辍保学的工作力度，确保贫困家庭适龄学生不因贫失学辍学。加大教育投资力度，重点加强乡镇寄宿制学校和乡村小规模学校建设，确保所有义务教育学校达到基本办学条件。通过这些综合性的保障措施来确保贫困地区特殊贫困人群完全能实现兜底，得到保障。部分地区可以适当延长义务教育年限。其二，重点发展职业教育。通过职业教育的培养，强化对深度贫困地区青年进行生产、技术、务工等实用技能的培训，从而使其能将实用技能运用到生产经营实践中，这样不仅能激发群众主动的脱贫意识，还可以提升他们的学习动力，改善深度贫困地区群众的劳动素质状况。其三，利用有条件的深度贫困地区的民族文化发展特色产业。民族文化不仅是深度贫困地区少数民族宝贵的文化遗产，也是当地特色的文化资源。将学习民族语言、文化、知识、艺术等与民族文化产业结合起来，不仅能使民族文化得以传承，增强少数民族群众自我发展的自信心，而且能够促进当地经济发展。

（5）开展贫困残疾人脱贫行动。完善针对残疾人等特殊群体的社会福利制度，开展贫困残疾人脱贫行动。首先，将符合条件的建档立卡贫困残疾人纳入农村低保和城乡医疗救助范围。完善困难残疾人生活补贴和重度残疾人护理补贴制度。例如，将农村贫困重度残疾人纳入特困人员救助供养或提供托养服务，逐步推进农村贫困重度残疾人家庭无障碍改造。其次，建设并完善关爱服务残疾人等特殊群体的体系。深入实施残疾人精准康复服务项目，如落实家庭赡养、监护照料法定义务，探索建立信息台账和定期探访制度。加大临时救助力度，及时将符合条件的返贫人口纳入救助范围。最后，实施残疾人优先。对于有康复需求的贫困家庭的残疾人，优先提供基本康复服务和辅助器具适配服务，优先安排资产收益扶贫项目。对地广人稀的贫困地区，适度降低国家救灾应急响应启动条件。

四、着力加大深度贫困地区政策倾斜力度

打赢脱贫攻坚战，应进一步完善顶层设计。着力改善深度贫困地区的发展条件、着力解决深度贫困地区群众的特殊困难，应加大对深度贫困地区各项政策的倾斜力度，更加聚焦深度贫困地区和特殊贫困群体。

（1）加大产业扶贫力度。产业扶贫是精准扶贫的一种重要“造血”扶贫方式。2016 年 7 月，习近平总书记在宁夏考察时指出：“发展产业是实现脱贫的根本之策。要因地制宜，把培育产业作为推动脱贫攻坚的根本出路。”产业扶贫，特别是资产收益扶贫模式，仍然是打赢脱贫攻坚战的重要手段。对于深度贫困地区占相当比重的“无业可扶、无力脱贫”的贫困人口，除了保障兜底外，应注意以下几点：其一，发展特殊贫困地区的特色产业。2016 年，农业部等九个部门联合印发的《贫困地区发展特色产业促进精准脱贫指导意见》指出：“发展特色产业是提高贫困地区自我发展能力的根本举措。”目前，深度贫困地区的产业规模小、产业结构也比较单一，第一、第二、第三产业结构比重严重失衡，大部分地区还是以粗放经营为主，缺乏龙头企业的投入和带动，对当地居民就业和致富的带动作用比较薄弱。因此，要根据深度贫困地区的资源禀赋、产业条件、市场情况等因素，深挖乡土资源，量体裁衣，科学地确定发展哪些特色产业，依托具有相对优势的乡土农业资源和知识资源来推动产业脱贫。当前，乡村振兴已经成为贫困地区实现脱贫的重要抓手。

推进乡村振兴战略，不仅有助于深度贫困地区传统农业与第二、第三产业融合发展，而且有助于推进传统农业自身的工业化及产业链延伸进程，能高效就地解决深度贫困地区家庭“半”劳动力、“弱”劳动力、家庭“捆绑”劳动力的就业需求，大大降低劳动力移动成本。即使是深度贫困地区的生态补偿脱贫，也可以通过乡村振兴从单纯依靠财政转移，逐步过渡到依靠市场机制开发特色资源的长效脱贫之路。依托当地生态与人文资源，在深度贫困地区发展电商、民宿、餐饮、养老、文创等产业，以乡村振兴为平台实现脱贫攻坚与乡村可持续发展，同时适时推进城镇化进程，最终实现城乡融合与区域协调发展的目标。① 比如，云南省怒江傈僳族自治州是少数民族的聚集地，每个民族都保留了自己的民族文化和风俗习惯，特别是具有少数民族特色的手工艺品有极高的艺术价值，因此可以发展少数民族手工艺品产业，将手工艺者集中起来，规模经营，开拓民族文化特色市场，同时可以依托当地的生态旅游资源，吸纳更多贫困户就业。又如，青藏高原盛产青稞，高原地区可以建立以青稞种植为中心的集生产、加工、销售为一体的产业体系，建立自己的特色品牌助推当地的经济发展。这样的脱贫不仅可以更好地激发深度贫困地区的动力，而且培育了贫困群众的脱贫能力。其二，政府因势利导，为脱贫创造更好条件。目前，各地在脱贫攻坚工作中都高度重视产业扶贫，但是也出现了一些薄弱环节。例如，目前贫困地区生猪、牛羊、家禽等养殖业，果品、蔬菜等种植业的生产规模迅速扩大，区域内同类产品扎堆，产业发展存在单一化、雷同化倾向。习近平总书记 2020 年 3 月 6 日在决战决胜脱贫攻坚座谈会上就指出：“要加大产业扶贫力度，种养业发展有自己的规律，周期较长，要注重长期培育和支持。”如贫困地区的一些农产品即使前景不错，但供给过剩使很多好的农产品出现价格下跌、

① 程世勇：《多措并举聚焦深度贫困地区脱贫攻坚》，《光明日报》2019 年 10 月 22 日。

滞销，甚至亏本，销路难问题进一步凸显。因此，产业扶贫最理想的方式是让农民跟着市场走，而不是跟着政府走。要根据市场需求，因地制宜地调整区域种植养殖业结构。一方面，生产、市场两手抓。也就是说，生产、技术、资金、服务都要跟上。例如，加快贫困地区贮藏、保鲜、烘干、加工、冷链物流等配套设施建设，优化上市时间，延长产业链条，提升价值链，这样就可以为农产品的销售创造更好条件。另一方面，兼顾深度贫困地区的市场营销服务。2018 年，中共中央、国务院印发的《关于打赢脱贫攻坚战三年行动的指导意见》提出，要拓宽农产品营销渠道，加强产销衔接，并作了明确政策部署。从各地实践来看，加强产销衔接关键是要发挥市场主体的作用，如鼓励并组织农业龙头企业、农民合作组织等更多新型农业经营主体与贫困户建立合同购销关系，形成市场带动的关系；支持并推广党政机关、事业单位、企业、学校、医院等单位到定点扶贫地区购买农产品，这种产销直挂、以购代捐的新扶贫模式效果明显，确保贫困户产出的东西不仅有人收，而且卖得出。2020 年 3 月 6 日，习近平总书记在决战决胜脱贫攻坚座谈会上指出："要切实解决扶贫农畜牧产品滞销问题，组织好产销对接，开展消费扶贫行动，利用互联网拓宽销售渠道，多渠道解决农产品卖难问题。"这为新冠肺炎疫情防控时期的贫困地区农产品出村进城创造了条件。

（2）增加就业扶贫渠道。针对特殊贫困人口脱贫，应当结合产业扶贫，搞好就业扶贫。在脱贫攻坚战中，贫困地区有很多优惠政策助力产业发展。可以利用产业扶贫产生的辐射带动作用，为周边贫困户提供工作岗位，吸引贫困户主动就业从而促进增收脱贫。要针对深度贫困地区的特点，强化农业生产的组织和各个环节的服务，为贫困户提供销售平台、专业的种植与养殖等方面技术和市场信息等资源。虽然特殊贫困群体无法直接参与产业发展，但给予贫困户的产业扶持政策不能漏掉特殊贫困群体。当前，各地探索让特殊贫困群体参与产业扶贫和就业扶贫。

安源 / 摄

自 2016 年年底以来，四川省阿坝藏族羌族自治州小金县老营乡下马厂村（又叫麻足寨）扶贫第一书记张飞在麻足寨拍摄了 295 条视频，每条短视频在海内外的观看量多则近 2000 万次，少则数十万次。短视频让这间悬崖边的藏家“云端餐厅”香飘四方，带火了该村农产品销售，带动了麻足寨的乡村旅游业发展。

图为“云端餐厅”美味的菜肴。

有一些地方为特殊贫困群体提供公益性岗位，如公益生态林看护，让特殊贫困人口做力所能及的工作。尽管一些地方试图让所有建档立卡贫困户都享受产业扶贫资金资产收益的做法导致一些有劳动能力的贫困户不想依靠自身发展脱贫，引发扶贫“养懒汉”的质疑值得重视和反思，然而，探索将特殊贫困群体享有的农村集体资源和产业扶贫资金集中起来，通过入股当地产业发展前景和经济效益好的企业，让特殊贫困群体分享资产收益的做法仍值得总结和借鉴。面对突如其来的新冠肺炎疫情，为了使贫困劳动力不受新冠肺炎疫情的影响而降低收入，习近平总书记2020年3月6日在决战决胜脱贫攻坚座谈会上强调就业扶贫的重要性，他指出:“要优先支持贫困劳动力务工就业，在企业复工复产、重大项目开工、物流体系建设等方面优先组织和使用贫困劳动力，鼓励企业更多招用贫困地区特别是建档立卡贫困家庭人员，通过东西部扶贫协作‘点对点’帮助贫困劳动力尽快有序返岗。要分类施策，对没有疫情的地区要加大务工人员送接工作力度。”“要加大就业扶贫力度，加强劳务输出地和输入地精准对接，稳岗拓岗，支持扶贫龙头企业、扶贫车间尽快复工，提升带贫能力，利用公益岗位提供更多就近就地就业机会。”

（3）强化财政投入保障。与国外小规模的救济式扶贫不同，我国深度贫困地区脱贫攻坚中持续大量的易地扶贫搬迁、基础设施与基本公共服务建设需求，需要大量的财政转移支付。强化深度贫困地区扶贫资金的投入，从宏观层面看，会最大效率发挥中国特色社会主义集中力量办大事的制度优势；从微观层面看，有助于通过持续改善贫困地区的基础设施、持续降低物流及交易成本，加速深度贫困地区资源变资产、资产变资本的市场化进程。党的十八大以来，中央不断加大对贫困地区的财政投入力度，包括专项扶贫资金、行业方面资金和社会帮扶资金。2012年至2016年，中央扶贫专项资金投入年均增长19.22%，年均扶贫资金投入550亿元。2017年至2019年，虽然国内经济面临下行压力，但中央财政扶贫资金投入依然保持高位，3 年累计投入超过 2800 亿元。2017 年 11 月，中共中央办公厅、国务院办公厅印发的《关于支持深度贫困地区脱贫攻坚的实施意见》明确指出，新增脱贫攻坚资金、新增脱贫攻坚项目、新增脱贫攻坚举措主要用于深度贫困地区。2018 年，中共中央、国务院《关于打赢脱贫攻坚战三年行动的指导意见》再次强调，中央财政进一步增加对深度贫困地区专项扶贫资金、教育医疗保障等转移支付，加大重点生态功能区转移支付等对深度贫困地区的倾斜力度。目前，财政投入力度空前使贫困地区基础设施条件有了很大改善，有些贫困地区的基础设施条件甚至已经赶上或超过全国的平均水平。今后，一方面，要增加中央专项转移支付。在转移支付使用效益上，习近平总书记 2020 年 3 月 6 日在决战决胜脱贫攻坚座谈会上要求："要加大财政涉农资金整合力度，加强扶贫资金监管，提高资金使用效率和效益，用好扶贫的土地和金融政策。对已经实现稳定脱贫的地方，各地可以统筹安排专项扶贫资金，支持非贫困县、非贫困村的贫困人口脱贫。"另一方面，创新金融服务，加大深度贫困地区扶贫投入。习近平总书记充分肯定这几年扶贫小额信贷对支持贫困群众发展生产发挥的重要作用，他指出，"要继续坚持"，要"用好产业帮扶资金和扶贫小额信贷政策，促进扶贫产业持续发展"。此外，也可以通过增加安排深度贫困地区一般债券限额、依法发行地方政府债券等新增金融资金，以及对深度贫困地区发放的精准扶贫贷款实行差异化贷款利率等新增金融服务，优先满足并布局深度贫困地区。

第五讲

坚持精准扶贫精准脱贫基本方略

党的十八大以来，习近平总书记创造性地提出精准扶贫精准脱贫基本方略，并强调指出，精准扶贫，就是要对扶贫对象实行精细化管理，对扶贫资源实行精确化配置，对扶贫对象实行精准化扶持，确保扶贫资源真正用在扶贫对象身上、真正用在贫困地区；要做到扶持对象精准、项目安排精准、资金使用精准、措施到户精准、因村派人精准、脱贫成效精准。这是党关于扶贫减贫的重大理论创新，为坚决打赢脱贫攻坚战提供了根本遵循。

一、扶持对象精准

把扶持对象精准识别出来是精准扶贫的前提，也是扶贫领域的难题之一。扶真贫、真扶贫，首先要识真贫、真识贫，把谁是贫困人口、贫困到什么程度、因什么而致贫等搞清楚，以便做到因户施策、因人施策。

（1）把贫困人口搞清楚。要上下齐心在精准上发力，不仅要看指标还要看实际，不仅要看现状还要看潜力，不仅要看收入还要看支出，一家一户进行摸底排查。习近平总书记对贵州省威宁彝族回族苗族自治县迤那镇在扶贫工作实践中总结出来的“四看法”给予了高度评价。所谓“四看法”，即一看房、二看粮、三看劳动力强不强、四看家中有没有读书郎。看房，就是通过看农户的居住条件和生活环境，估算其贫困程度；看粮，就是通过看农户的土地情况和生产条件，估算其农业收入和食品支出；看劳动力强不强，就是通过看农户的劳动力状况和有无病残人口，估算其务工收入和医疗支出；看家中有没有读书郎，就是通过看农户受教育程度和在校生现状等，估算其发展潜力和教育支出。实践证明，“四看法”是一个精准识别贫困户的好办法，能够比较精准地识别扶持对象。我们应该在“四看法”的基础上结合本地实际进一步探索总结，摸清扶贫对象。

（2）把贫困程度搞清楚。同样是贫困户，但贫困的程度不尽相同。有的是相对贫困，有的是绝对贫困；有的是跟不上时代发展，有的则是温饱都成问题。只有把贫困程度搞清楚了，才能分清轻重缓急，才能急

彭年 / 摄

贵州省威宁彝族回族苗族自治县板底乡坚持精准扶贫，在雄英村大面积种植高山荞麦，每当荞麦花开的季节，中外游客慕名而来，既激活了旅游业发展，又为当地农户增收开辟了新的致富渠道。

图为雄英村海拔 2680 米的荞麦种植基地。

人所急。贫困程度是由多维指标来衡量的。在按照现行国家农村贫困标准进行衡量的同时要结合“两不愁三保障”指标综合考虑，既要考虑到人均纯收入的多少，也要考虑到义务教育、基本医疗、住房安全有没有保障。这些指标有客观的，也有主观的。比如，不愁吃是指吃什么，不愁穿是指穿什么，各地的标准不尽相同，但在一定时期一定区域范围内应相对一致。贫困程度又是动态变化的，在判定贫困程度之后，贫困户的情况不是一成不变的，务工的收入不稳定、市场因素有变化、家庭成员的情况有变化等，这些因素都会导致贫困程度发生变化。甚至有的贫困户不如实上报情况，也给把握贫困程度带来一定困难。要综合施策，多管齐下，把贫困程度搞清楚。要利用大数据手段，从总体上掌握贫困户的收支情况。要发动群众参与，广泛实施监督。要动态调整，定期更新，保证扶贫信息的真实、可靠、管用。

（3）把致贫原因搞清楚。俗话说，贫有百样、困有千种。治病要找病根，扶贫要找“贫根”。要思考到底穷在哪里，为什么穷。要一家一户摸情况，对每家每户的情况都要做到心中有数。贫困是多种因素综合作用的结果，总的来说就是“收入少支出多”，导致入不敷出。收入少且不稳定是致贫的直接因素。而造成收入少且不稳定的因素，有的是缺乏劳动力；有的是劳动力缺乏技能，收入微薄；有的是收入来源单一，除出售多余粮食或其他农产品之外几乎没有其他收入来源；有的是自然资源匮乏和基础设施薄弱，一方水土养育不了一方人。支出多则是致贫返贫的重要因素。有的是因病致贫返贫，有的是因为教育等大额支出致贫返贫；有的是因为贫困的代际传递而陷入贫困，有的是因为无法抵御自然灾害带来的经济损失而致贫返贫，甚至有的地方因婚、因丧也能致贫返贫。因此，在精准扶贫实践中应根据实际情况分析致贫原因，一家一户找到“贫根”，这样才能对症下药，针对不同的致贫返贫原因采取不同的扶贫脱贫措施。

二、项目安排精准

习近平总书记指出:“关键是要找准路子、构建好的体制机制。”“在精准施策上出实招、在精准推进上下实功、在精准落地上见实效。”[①]要精准扶贫脱贫，就要根据贫困户和贫困人口的实际需要有针对性地精准安排脱贫项目。项目安排要做到科学立项、精准实施、全程监督，才能收到良好的效果。

(1)结合市场规律安排项目。立项前，要充分进行市场调研。结合市场规律安排项目，不能盲目跟风、只看市场收益不看市场风险，否则在项目的安排上主观随意，最后只会劳民伤财。因此，在安排项目前，要协调力量论证项目的可行性，按照市场规律办事。如果因为立项不科学导致亏损，会大大影响贫困户的积极性以及自身的公信力。例如，上海援黔联络组帮助贵州省习水县改造麻羊产业链，使习水县麻羊产业从无到有、从弱到强，成为一张亮丽的名片，贫困群众走上了一条赶着麻羊奔小康的致富之路。他们的诀窍就在于按照市场规律办事，在品种保护、生产加工、品牌建设、市场开拓等关键环节上精准发力，找到并进一步精心培育了一个符合市场规律的好项目。

① 中共中央文献研究室编:《十八大以来重要文献选编》(下)，中央文献出版社 2018 年版，第 38 页。

罗星汉 / 摄

贵州省习水县因地制宜，大力发展旅游、生态产业，帮助老百姓脱贫致富。2018 年 9 月，习水县正式摘下戴了 24 年的国家扶贫开发工作重点工作县的帽子。
图为风景秀美的习水县城人工湖风景。

（2）结合本地实际安排项目。俗话说“靠山吃山，靠水吃水”，一个地方适合安排什么项目，一定要结合本地实际，综合生态环境、自然资源、劳动人口等多种因素通盘考虑。比如，自然资源少但生态环境好的地方可以安排生态旅游观光项目，劳动力充足的地方可以安排手工业项目，而生态环境恶劣、资源极度匮乏的贫苦地区，一般应当以易地搬迁安置项目为主。河北省张家口市康保县在荒山坡上种“太阳”，带动当地群众劳动就业奔小康的事迹就说明了这一点。康保县地处河北坝上地区，是国家扶贫开发重点县，也是该省10个深度贫困县之一，全县贫困人口平均年龄57岁，绝大部分为弱劳动力，脱贫内生动力不足，脱贫攻坚任务十分艰巨。康保县委、县政府突破“守着金碗要饭吃”的传统思维定式，充分发挥资源优势，将光伏作为产业扶贫的重要支柱，创建扶贫模式，激发群众脱贫动力，初步探索出了一条生态保护与稳定脱贫双赢的新路子。

（3）结合贫困户情况安排项目。“授人以鱼不如授人以渔。”在安排项目的时候，要安排一些能把贫困户吸收进去、他们有能力参加、风险适当、有托底帮扶政策的项目，不能好大喜功，片面追求项目的“高大上”，导致贫困户望而却步，难以融入。

（4）要结合项目进程精准监督。政策措施千条万条，不落实或是落实不到位都是白条。精准安排的项目重在精准落实。要想精准落实，就要加强精准监督。所谓精准，不仅体现在项目事前的实地调研以及完善的实施方案中，更体现在自始至终的监管中。只有形成完整的项目链条，才能做到精准落地、善始善终。不能项目开始前宣传得铺天盖地，启动时热闹非凡，真正开始实施时却无人问津，导致项目最终萎缩甚至“烂尾”。

三、资金使用精准

在精准扶贫的过程中，必须精准使用资金，不能“天女散花”“大水漫灌”，最终却“雨过地皮湿”。习近平总书记强调：“扶贫资金是贫困群众的‘救命钱’，一分一厘都不能乱花，更容不得动手脚、玩猫腻！要加强扶贫资金阳光化管理，加强审计监管，集中整治和查处扶贫领域的职务犯罪，对挤占挪用、层层截留、虚报冒领、挥霍浪费扶贫资金的，要从严惩处！”①

（1）坚持“多个渠道引水，一个龙头放水”。国务院办公厅出台的《关于支持贫困县开展统筹整合使用财政涉农资金试点的意见》，提出要形成“多个渠道引水、一个龙头放水”的扶贫投入新格局，并将资金项目审批权限下放到县，将资金的分配和使用权下放给对贫困户的情况最了解的基层政府，这为解决“打酱油的钱不能买醋”的问题提供了政策基础。县以下政府在扶贫过程中要利用好这一政策，发挥好统筹协调作用，提高资金使用效率。同时，还要想办法“积极引水”，多方面筹集扶贫资金，为扶贫事业助力。广西壮族自治区田东县是全国农村金融改革试点之一，通过不懈努力，成功探索出“田东金融扶贫模式”。其成功经验就在于，建立和强化了农村金融组织、信用、保险、担保、支付和村

① 中共中央文献研究室编：《十八大以来重要文献选编》（下），中央文献出版社2018年版，第49页。

级服务组织这六大体系，有效破解了贫困户资金缺、贷款难的问题。

（2）坚持“好钢用在刀刃上”。扶贫资金来之不易，是“救命钱”“发展钱”，但是有的地方存在挤占挪用、层层截留扶贫资金的问题，而有的地方怕“用错担责”而将大量扶贫资金闲置。针对这些问题，在加强监管的同时，要探索扶贫资金整合和项目审计之间的平衡关系，及时建立完善在扶贫资金整合使用条件下的项目审计工作机制，划清资金整合和资金挪用的界限，消除基层政府的后顾之忧，敢于放手资金使用的自主权，提高扶贫资金的使用效率。要针对资金闲置原因，分类采取整改措施，不断盘活资金存量，加快项目实施、竣工、验收、报账进度，对闲置扶贫资金进行整改。对于长期闲置的扶贫资金，该收回的要收回，该问责的要问责，同时要追究相关部门和人员的责任；对懒政怠政现象，及时教育处理，帮助扶贫干部提高思想认识，转变工作作风；引导相关部门、扶贫干部从广大贫困群众的切身利益出发，实事求是，开动脑筋，真正找到适合群众脱贫致富的好办法。

（3）防止“跑冒滴漏”。要按照国家《财政专项扶贫资金管理办法》，建立严格完善的扶贫资金管理制度，落实好各种关于扶贫资金的信息披露制度和公告公示公开制度，保证在阳光下使用扶贫资金。以制度的完善治理扶贫资金“跑冒滴漏”的问题，以法律法规这个带电的“高压线”，处理腐败问题，震慑腐败分子。例如，山东省临沂市探索建立的“四统五化”管理机制和模式，为确保扶贫资金管住不流失、管活提效益提供了成功借鉴。“四统”即资产统管、收益统分、平台统揽、绩效统审，“五化”即精细化核算、专业化指导、全程化监管、差异化分配、制度化保障。通过这些举措，明确了扶贫资金资产的管理主体，确保了扶贫资金收益的精准使用，加强了对扶贫资金资产的动态管理，把住了扶贫资金的审计关口，做到了“一网清、时时清、事事清”，有效保证了扶贫资金的规范安全高效使用。

赵国品／摄

在国家、新疆维吾尔自治区的大力扶持下，新疆和田地区在近年来的脱贫攻坚中找到了特色路径，取得了显著成效。2019 年，不算援疆资金，光是国家、自治区给和田的各类扶贫资金就达 117.34 亿元。和田采取有力措施加大管花肉苁蓉产业扶持力度，有效促进了农牧民增收致富和经济发展。

图为和田地区于田县管花肉苁蓉人工种植试验基地内，工作人员正在清理红柳及杂草。

四、措施到户精准

习近平总书记强调，精准扶贫，一定要精准施策。要坚持因人因地施策，因贫困原因施策，因贫困类型施策。“措施到户精准”，就是根据贫困人口贫困程度和致贫因素的多样性、复杂性、动态性，采取相应的差别化、类型化和变动性扶持措施。

（1）“对症下药”，因贫困原因施策。要针对不同原因、不同类型的贫困，采取不同的措施。2015 年 11 月 27 日，习近平总书记在中央扶贫开发工作会议上强调，开对了“药方子”，才能拔掉“穷根子”。要按照贫困地区和贫困人口的具体情况，实施“五个一批”工程，即发展生产脱贫一批、易地搬迁脱贫一批、生态补偿脱贫一批、发展教育脱贫一批、社会保障兜底一批。“五个一批”工程的核心思想就是提供不同类型的政策措施，有针对性地保障贫困人口精准脱贫。例如，内蒙古自治区通辽市扎鲁特旗通过创新形成的“议贫会”机制，就是运用“访、提、议、行、评”五步工作法，深入贫困户家中，帮助挖出贫困根、议出脱贫策，在不断解决贫困户实际困难中带动他们增产增收，实现脱贫。

（2）“一人一方”，因人因户施策。同一项措施具体到人到户还要进一步精准细化。例如，医疗救助帮扶措施落实到人到户，还要看患的是大病还是长期慢性病，患的具体是哪种病，家里有人照料还是无人照料，进一步细化措施。再如，易地搬迁，要看群众自愿还是不自愿，搬出去后有没有后续的矛盾和困难。只有帮助解决好后顾之忧，才能确保搬得出、稳得住、逐步能致富。例如，荣获中国优秀扶贫案例最美人物的河南省南阳市唐河县贫困户王万才之所以能从贫困中走出来，与当地扶贫干部根据他的家庭情况精心帮扶是分不开的。王万才因为儿子是天生智障者，长年无法治愈，在与命运抗争了20年后，丧失了信心，失去了动力，成了“懒汉”“酒晕子”，而他的妻子则迷上赌博，导致家庭越来越贫困。扶贫干部郭有霞针对王万才的家庭情况，从改变他的精神状态入手，激发他的内在动力；帮他制订切实可行的脱贫计划，帮他找到增收的途径；帮他全家办理了低保、农业保险等，帮王万才的儿子办了残疾人补贴，帮王万才的妻子办了慢性病诊疗卡……一系列量身定做的帮扶措施让王万才成功脱贫，成为南阳市唐河县首届劳动模范。

（3）“精准滴灌”，久久为功。“大水漫灌”看似力度大，其实往往持续时间不长，缺乏后劲。只有“精准滴灌”才能做到持续用力、久久为功。扶贫脱贫需要有一个过程，尤其是在打赢脱贫攻坚战中，啃的都是硬骨头，更需要韧劲和耐力。脱贫最终只有靠困难群众自身能力的提升，才能做到真脱贫、脱贫后不返贫。“输血”容易“造血”难，激发群众脱贫致富的积极性和“造血”功能不是一蹴而就的。要注重激发贫困地区和贫困群众脱贫致富的内在活力，扶贫要同扶智、扶志结合起来。智和志就是内力、内因。没有内在动力，仅靠外部帮扶，帮扶再多，也不能从根本上解决问题。例如，荣获“2018年中国优秀扶贫案例——最美人物”奖的四川省甘孜藏族自治州甘孜县夺多乡瓦达村原第一书记扎多，正是抱着“瓦达村不脱贫、我就不脱岗”，不摘“穷帽”誓不休的精神，主动请缨留任第一书记，深入全村每家每户，精准帮扶，不懈努力，最终带领瓦达村成功脱贫。

萧峰／摄

习近平总书记多次强调要解决“精神上的贫困”，并明确提出“扶贫先扶志”。2012年12月，习近平总书记在河北省阜平县考察时鼓励干部群众“只要有信心，黄土变成金”。阜平县干部群众牢记习近平总书记的嘱托，立足大枣生态资源和红色文化资源，以绿色、生态、文化品牌为导向，互惠共赢，推动产业互动和经济发展。

图为在北京举行的“枣该遇见你”2016长辛店携手阜平共庆大枣节活动现场展示的大枣。

五、因村派人精准

因村派人精准，是指要选准派强第一书记。这是短期内迅速提升贫困地区贫困治理能力，推动精准脱贫的一项重要举措。“因村派人精准”的实质就是在末端解决好“谁来扶”的问题。

（1）精准选人。农村要发展，农民要致富，关键靠支部。支部强不强，要看“领头羊”。在选准配强村两委班子的基础上，选准配强第一书记和驻村工作队能在短期内帮助支部班子提升战斗力，为脱贫攻坚注入强大助推力。其一，选人范围。“主要从各级机关优秀年轻干部、后备干部，国有企业、事业单位的优秀人员和以往因年龄原因从领导岗位上调整下来、尚未退休的干部中选派，有农村工作经验或涉农方面专业技术特长的优先。”其二，选人条件。“第一书记人选的基本条件是：政治素质好，坚决贯彻执行党的路线方针政策，热爱农村工作；有较强工作能力，敢于担当，善于做群众工作，开拓创新意识强；有两年以上工作经历，事业心和责任感强，作风扎实，不怕吃苦，甘于奉献；具有正常履行职责的身体条件。”其三，选人程序。“要把好人选政治关、品行关、廉政关和能力关。按照因村派人原则，通过个人报名和组织推荐相结合的办法，由派出单位党委（党组）研究提出人选，报同级党委组织部审核。”被评为“时代楷模”“最美奋斗者”的广西壮族自治区百色市乐业县原驻村第一书记黄文秀就是其中的一位杰出代表。她从北京师范大学硕士研究生毕业后，放弃在大城市的工作机会，毅然回到家乡，在脱贫攻坚第一线倾情投入、奉献自我，用美好青春诠释了共产党人的初心使命，谱写了新时代的青春之歌。2019 年 6 月 17 日，黄文秀因遭遇突发山洪不幸遇难，年仅 30 岁。习近平总书记号召“广大党员干部和青年同志要以黄文秀同志为榜样，不忘初心、牢记使命，勇于担当、甘于奉献，在新时代的长征路上做出新的更大贡献”。①

（2）精准派人。因村派人主要是向党组织软弱涣散村、建档立卡贫困村以及一些革命老区和灾后重建村等村选派驻村第一书记或扶贫工作队，投入较多资源，帮助这些村庄及贫困人口短期内脱贫。第一书记来源不同，本职工作不同，工作方法不同，只有人村相适，才能收到良好效果。例如，对于党组织软弱涣散的村，就要选派来自组织部门、党务工作能力强、作风硬的第一书记；对于有资源但缺乏发展思路的贫困村，就要选派抓发展能力强、有激情有闯劲的第一书记；对于资源匮乏的革命老区和灾后重建村，就要选派能引进资源、对口帮扶的第一书记；等等。

（3）精准用人。“因村派人”关键在于切实让第一书记认真履职，真正发挥作用。要严格组织考核。对第一书记在履职期间的表现和工作成效，要通过客观公正的考核作出评价。要形成鲜明用人导向，对脱贫攻坚成绩优异的要优先提拔使用。《关于做好选派机关优秀干部到村任第一书记工作的通知》要求“第一书记参加派出单位年度考核，由所在县（市、区、旗）党委组织部提出意见。任职期满，派出单位会同县（市、区、旗）党委组织部进行考察，考核结果作为评选先进、提拔使用、晋升职级的重要依据，对任职期间表现优秀的在同等条件下优先使用。对工作不认真、不负责的给予批评教育，造成不良后果的及时调整和处理”。

---

①《习近平对黄文秀同志先进事迹作出重要指示强调 不忘初心牢记使命勇于担当甘于奉献 在新时代的长征路上做出新的更大贡献》，《人民日报》2019 年 7 月 2 日。

六、脱贫成效精准

精准扶贫的目的是精准脱贫，脱贫成效检验着扶贫工作的效果和得失。在脱贫攻坚的战役中，我们要始终瞄着脱贫成效发力，用精准的脱贫成效交上人民满意的答卷。

（1）在时间效度上要精准。2020 年是我们完成脱贫攻坚战的最后时间节点，这是党对人民的庄严承诺，必须保证如期完成任务。因此，各地要提高政治站位，站在党的工作大局思考问题，以崇高的使命感，以时不我待的紧迫感，以决战决胜的信念信心，以只争朝夕的工作劲头，根据当地实际情况，倒排工期，做好规划，保证落实。在设定时间表时，既要防止拖延，防止该脱贫的不及时脱贫、能脱贫的不积极脱贫，又要防止急躁，防止为了脱贫而脱贫、不顾实际情况“一刀切”;要蹄疾步稳，分类实施，有序退出。

（2）在指标体系上要精准。我国现行贫困人口退出的标准是收入稳定超过国家扶贫标准且吃穿不愁，义务教育、基本医疗、住房安全有保障。这一标准能够满足全面小康生活的基本要求，符合现阶段我国国情和承受能力，在国际上也是比较高的标准。我们要准确理解和把握“两不愁三保障”和饮水安全的标准。实现义务教育有保障，主要是指保障贫困家庭的孩子能够接受九年义务教育，不失学辍学，而不是把所有阶段的教育都包起来；实现基本医疗有保障，主要是指所有贫困人口都参

任海霞 / 摄

近年来，贵州省贵阳市加大扶贫攻坚力度，经过多方努力，实现了农村人口“饮水不愁”全覆盖。截至2020年2月，全市共建农村饮水安全工程近五千处，全面解决了农村人口饮水安全问题。有了生活用水的保障，如今的农家乐再也不为没水发愁。
图为贵阳市的一家农家乐。

加医疗保险制度，常见病、慢性病有地方看、看得起，得了大病、重病基本生活有保障，而不是政府把看病的钱都包起来；实现住房安全有保障，主要是指保障贫困人口不住危房，而不是一律拆旧房盖新房，住超现行标准的大房子好房子；实现贫困人口饮水安全有保障，主要是指保障农村人口喝上放心水，饮水安全达到当地农村饮水安全评价标准以上。各地具体情况千差万别，可以在国家基本标准和总体要求的基础上，因地制宜细化实化标准，既要尽力而为、千方百计地造福于民，又要量力而行，不搞“一刀切”，不作脱离实际的承诺。要始终盯着打赢脱贫攻坚战，如期完成目标和任务发力，在实现全面建成小康社会目标的基础上，不断为人民群众谋福利。

（3）从脱贫机制上要精准。加快建立反映客观实际的贫困县、贫困户退出机制，努力做到精准脱贫，确保脱贫的结果经得起历史和人民的检验。例如，甘肃省陇南市文县结合实际情况，通过探索建立脱贫退出奖励机制调动贫困户主动脱贫的积极性，为加快脱贫攻坚进程，确保如期完成脱贫目标任务打下了坚实基础。具体实施过程中，文县按照政策规定的具体脱贫标准，制定了贫困户提出申请、村上评议公示、乡镇审核公示、县级审定公告等程序，村、乡、县逐级认定脱贫奖励对象。经审核认定的脱贫户，由扶贫、财政、农办、统计等部门会同各乡镇一起验收后，给予奖励。为了使脱贫退出奖励机制更好运行，文县专门成立了由县长任组长、相关部门及各乡镇镇长为成员的领导小组，严把各个环节关口，做到程序规范、数据可靠、档案齐全、结果公正、群众满意。同时，加大“摘帽不摘政策、减贫不减资金”等激励政策的宣传力度，树立脱贫光荣、摘帽光荣的导向。此外，文县还加强监督检查，防止弄虚作假、违规操作、玩忽职守等行为。

第六讲
聚力做好专项扶贫

习近平总书记指出，必须坚持充分发挥政府和社会两方面力量作用，构建专项扶贫、行业扶贫、社会扶贫互为补充的大扶贫格局，调动各方面积极性，引领市场、社会协同发力，形成全社会广泛参与脱贫攻坚格局。其中，专项扶贫是“三位一体”大扶贫格局中的主体部分，起着基础性、根本性和长远性的作用。

一、深入推进易地扶贫搬迁

2015 年 11 月 27 日，习近平总书记在中央扶贫开发工作会议上的讲话中指出，生存条件恶劣、自然灾害频发的地方，通水、通路、通电等成本很高，贫困人口很难实现就地脱贫，需要实施易地搬迁。这是一个不得不为的措施，也是一项复杂的系统工程，政策性强、难度大，需要把工作做深做细。2017 年 2 月 21 日，习近平总书记在十八届中央政治局第三十九次集体学习时指出："坚持群众自愿原则，合理控制建设规模和成本，发展后续产业，确保搬得出、稳得住、逐步能致富。"

（1）深入细致做好工作，确保搬得出。要合理确定搬迁范围和对象，在充分尊重群众意愿的基础上，加强宣传引导和组织动员，确保符合条件的建档立卡贫困人口应搬尽搬。要防止为搬迁而搬迁的问题，把本来不该搬的一般农户搬了，而应该搬迁的贫困对象却没有搬。要通过整合政策资源，拓宽扶贫搬迁所需资金的来源渠道。要细致作好规划，合理确定扶贫搬迁的规模，针对不同情况，注意区分轻重缓急，有计划地组织实施好扶贫搬迁。

（2）稳妥实施搬迁安置，确保稳得住。要稳妥实施搬迁安置，因地制宜选择搬迁安置方式。要合理确定住房建设标准。按照"保障基本、安全适用"的原则规划建设安置住房。要配套建设基础设施和公共服务设施，保障搬迁群众在交通、医疗、教育等方面的需求。要开展形式多

罗大富 / 摄

国家 4A 级旅游景区贵州省毕节市大方县奢香古镇占地 1200 亩，拥有全国唯一的城中花海梯田，与文旅商业街、安置住宅区形成具有彝族风情的特色小镇。整个安置区构成了集观光、旅游、娱乐、餐饮、购物于一体的特色旅游区。

图为易地扶贫搬迁集中安置区的奢香古镇一景。

样的活动，促进搬迁人口融入当地社会。

（3）多措并举增加搬迁群众收入，确保能致富。要确保有劳动能力的贫困家庭后续发展有门路、转移就业有渠道、收入水平不断提高，促进搬迁群众稳定脱贫。要大力发展安置区（点）优势产业，多措并举促进建档立卡搬迁户就业增收。

例如，2016 年 3 月，按照“有房子、有产业、有健康”的三有要求，西藏自治区首个易地扶贫搬迁安置点在曲水县达嘎乡三有村动工。经统一规划，三有村不仅配套建设了水、电、路、通信等生产生活基础设施和幼儿园、卫生室等基本公共服务设施，还同步开展了奶牛和藏鸡养殖、药材种植等产业，实现了搬得出、留得住、能致富的目标要求。其一，多渠道筹措资金。通过政府投入专项易地扶贫搬迁资金，用于房屋和配套设施建设；整合援藏和涉农资金，用于村委会、卫生室、幼儿园等公共服务设施建设；安排产业资金用于产业项目。其二，住房、公共设施、产业项目同步建设。在建设住宅的同时，配套建设商铺用于出租。同时还建设了藏鸡、奶牛养殖基地和中藏药材、饲草作物种植基地，设立公益岗位、园区就业岗位，提供给贫困人口。其三，产业项目实行股份合作制形式运营。按照“合作社 + 贫困户”股份合作形式，管理运营奶牛养殖合作社、藏鸡养殖合作社、特种种植合作社，全村人人入股并参与分红，既保证了合作社和公益事业的发展，又充分调动了农户的积极性。

二、积极探索消费扶贫新模式

消费扶贫是指通过组织社会各界积极消费来自贫困地区的产品和服务，帮助贫困人口增加收入，进而带动生产，实现脱贫的一种扶贫方式。积极探索消费扶贫新模式，要坚持政府引导、社会参与、市场运作、创新机制，在生产、流通、消费等环节不断推陈出新。

（1）着力提升贫困地区农产品供应水平和质量。要想消费扶贫得到可持续发展，核心是要提升贫困地区农产品的质量，加快贫困地区农产品标准化体系建设，提高贫困地区农产品供应水平。例如，福建省寿宁县下党乡是一个革命老区村，村基础设施相对滞后，道路坑坑洼洼，没有路灯，也不通网络和有线电视。在福建省委组织部派驻下党村第一书记曾守福和村“两委”班子的带领下，下党村因地制宜，通过开发“扶贫定制茶园”实现了增产增收，同时带动农家乐发展，全村发生了显著变化。下党村发展的诀窍就在于将原来一家一户零散的种茶卖茶方式，提升为成立专业合作社，按标准化程序科学种植并打造自有茶叶品牌、引入专业茶叶经营公司负责项目推广和销售。为了打造过硬的产品品牌，让消费者对自己的“认购茶”品质放心，下党村的茶园、茶厂安装了 48 个摄像头，并开发了可视化预订系统和农产品可追溯系统，消费者可以通过手机随时看到茶园的管理、采摘和制作全过程。同时，要求所有加入村合作社给茶厂提供茶叶的农户不能私自给茶叶打药、施肥，全部用村里统一购置并免费发放的有机肥。在这一系列有效措施管理下，下党村打造了过硬的茶叶品牌——“下乡的味道”。

（2）着力拓宽贫困地区农产品流通和销售渠道。流通和销售渠道决定着消费扶贫的规模和发展速度。要打通供应链条，完善县以下物流配送体系，打通农产品从田间到餐桌的直接供应链。要建立健全贫困地区互联网基础设施和服务平台，为贫困地区有意向从事电商经营的人员提供从产品开发、包装设计到网店运营、产品追溯等专业培训服务，不断提高贫困人口电商经营能力。要举办形式多样的农产品产销对接活动，建立长期稳定的产销关系。例如，陇南市是甘肃省乃至全国最为贫困的地区之一。这里虽然有丰富的特色优质农产品，但因交通不便、信息闭塞，难以转化为群众的收入。2015 年年初，陇南市经批准成为全国电商扶贫首个试点市。该市抓住机遇，大力拓宽产品销售渠道，通过网店带动、电商产业带动、电商创业带动、电商就业带动和电商入股带动，促进电商和精准扶贫深度融合。由于开展电商扶贫成效显著，陇南市荣获“2015 中国消除贫困创新奖”，并于 2016 年 10 月被授予“全国电商扶贫示范市”荣誉称号。

（3）着力推动贫困地区休闲农业和乡村旅游加快发展。休闲农业和乡村旅游是消费扶贫的生长点。要深入挖掘贫困地区特色鲜明的生态、历史、文化、风俗资源，加大交通、卫生、餐饮等基础设施建设力度，优化营商和消费环境，加强推介宣传。例如，河北省涞水县拥有国家地质公园、国家 5A 级旅游区、国家森林公园等丰富旅游资源。该县发挥这一优势，精准分类施策，大力发展旅游业，各村成立旅游合作社，政府统筹使用扶贫和美丽乡村建设资金，帮助每个村统一规划建设扶贫农业观光园、扶贫生态停车场、扶贫经营一条街，安排贫困村民就近就业，带领群众实现了脱贫致富。

陈晓东 / 摄

近年来，河北省张家口市宣化区抢抓京津冀协同发展、京张联合办冬奥会等机遇，盘活和整合林田、农田等农业资源，发展以“春观花、夏避暑、秋摘果、冬赏雪”为特色的观光休闲农业，使传统农业区跃升为休闲观光带，提高农业附加值，延长农民致富产业链，带动贫困户走上“多元化”脱贫致富路。

图为游客在宣化区崞村镇分水口村“万亩杏扁基地”观赏杏花。

三、加强生态扶贫

绿水青山就是金山银山。2015 年 11 月 27 日，习近平总书记在中央扶贫开发工作会议上指出，在生存条件差、但生态系统重要、需要保护修复的地区，可以结合生态环境保护和治理，探索一条生态脱贫的新路子。通过生态扶贫，实现生态环境保护与脱贫攻坚相互促进，生态修复与就业增收达到双赢。

（1）重大生态工程建设扶贫。这主要是指在国家实施的退耕还林还草、退牧还草、青海三江源生态保护和建设二期工程、京津风沙源治理工程、天然林资源保护工程等 12 项重大生态工程建设中，吸纳一定比例具有劳动能力的贫困人口参与工程建设，支付贫困人口合理的劳务报酬，增加贫困人口收入。例如，退耕还林还草工程区大多是贫困地区，工程的扶贫作用日益显现。据国家林草局对 100 个退耕还林还草样本县的监测，新一轮退耕还林还草对建档立卡贫困户的覆盖率达 18.7%。2016 年至 2018 年，全国共安排集中连片特殊困难地区有关县和国家扶贫开发工作重点县退耕还林还草任务 2946.6 万亩，占三年退耕还林总任务的近四分之三。[①] 退耕还林还草工程的实施，还极大促进了农村产业结构调整，实现了由以粮为主向多种经营转变，粮食生产由广种薄收向

① 胡璐等:《人与自然和谐共生的绿色实践——我国退耕还林还草工程实施 20 年成就综述》，新华网 2019 年 9 月 4 日。

精耕细作转变，许多地方走出了“越穷越垦，越垦越穷”的恶性循环，实现了地减粮增、林茂粮丰，为实现农业可持续发展开辟了新途径。

（2）大力发展生态产业。在加强保护的前提下，充分利用贫困地区生态资源优势，大力发展生态旅游、特色林产业、特色种养业等生态产业，通过土地流转、入股分红、合作经营、劳动就业、自主创业等方式，拓宽贫困人口增收渠道，增加贫困人口经营性收入和财产性收入。例如，被全国荒漠化地区扶贫开发工作座谈会树为典型的“库布其治沙生态扶贫模式”，就为人们提供了这方面的经验。鄂尔多斯市充分挖掘库布其沙漠地区特有的沙漠、种植、旅游等资源，充分发挥龙头企业的产业带动作用，为农牧民精心安排了沙漠种树、树木养护、药材种植、沙漠旅游、以沙漠入股企业等项目，农牧民家庭一般可以同时参与多个项目，年均收入可达 10 万至 20 万元。通过这些生态扶贫项目，农牧民以市场化手段参与沙漠治理并分享治理成果，初步实现了就地脱贫和自主脱贫。

（3）创新生态扶贫方式。其一，通过设立生态公益性岗位增加贫困人口稳定的工资性收入。设立生态管护员工作岗位，以森林、草原、湿地、沙化土地管护为重点，让能胜任岗位要求的贫困人口参加生态管护工作，实现就地就近脱贫。其二，创新资源利用方式。推进森林资源有序流转，推广经济林木所有权、林地经营权等新型林权抵押贷款改革，拓宽贫困人口增收渠道。例如，山西省临汾市大宁县就通过购买式造林让村民在绿水青山中富了起来。所谓购买式造林，实质上是政府购买造林服务的组织方式。政府制定规划设计，造林合作社通过竞价议标，与乡镇签订合同，自主投资投劳造林。政府当年验收合格后支付 30% 的工程款，第三年验收后支付余款。通过创新，从“要我造林”“过程管理”的组织模式转变为“我要造林”“结果购买”的模式，大宁县这个国家级贫困县、山西省深度贫困县，在 2015 年到 2017 年的两年内贫困发生率从 35.9% 降为 20.9%。

四、着力实施教育脱贫攻坚行动

2015 年 11 月 27 日，习近平总书记在中央扶贫开发工作会议上指出，治贫先治愚，扶贫先扶智。教育是阻断贫困代际传递的治本之策。贫困地区教育事业是管长远的，必须下大气力抓好。脱贫攻坚期内，要重点做好职业教育培训。一个贫困家庭的孩子如果能接受职业教育，掌握一技之长，能就业，这一户脱贫就有希望了。

（1）要坚持扶贫与扶志、扶智相结合。扶贫先扶志，扶贫必扶智。扶志就是扶思想、扶观念、扶信心，帮助贫困群众树立起摆脱困境的斗志和勇气；扶智就是扶知识、扶技术、扶思路，帮助和指导贫困群众着力提升脱贫致富的综合素质。扶贫不扶志，脱贫的目的就难以达到，即使一时脱贫，也容易返贫。扶贫不扶智，不能增强致富的知识技能，贫困的代际传递就无法阻断。要想从根本上摆脱贫困，就要先从思想上铲除滋生贫困的土壤。“志智双扶”根本目的在于帮助贫困群众增强战胜贫困的底气。许多贫困问题，表面上看是客观原因，实质上是缺乏奋斗精神和改变贫困现状的知识、能力和手段。因此，扶贫要和扶志、扶智结合起来，坚定贫困群众脱贫致富的信心，提高脱贫致富能力。

（2）重点通过提升职业技能实现稳定就业。教育扶贫的成果要体现在稳定就业率的增长上。要始终盯着就业进行教育扶贫。例如，近年来，陕西省紫阳县通过和企业合作开展修脚师、缝纫工、家政月嫂、特色烹

杨文斌 / 摄

2013 年以来，贵州省黔东南苗族侗族自治州剑河县紧紧围绕“锦绣计划”实施妇女创业培训，通过开展“锦绣计划”培训，实现“培训一人、创业（就业）一人、增收一户、富裕一方”的目标，农村妇女实现了家门口“创业梦”。
图为剑河县农村妇女利用农闲时节绣制苗族红绣。

任等免费职业技能培训，帮助群众提升职业技能、实现稳定就业，进而实现增收脱贫，探索出了“党政主导 + 龙头带动 + 基地培训 + 定向就业”的技能扶贫模式。2018 年，全县仅修脚行业的经营收入就达到了 70 亿元。紫阳县成为国内首个全产业链的修脚产业专业县。技能扶贫对该县实现整县脱贫摘帽、帮助龙头企业成长、推动主导产业转型、促进县域经济发展起到了重大作用。

（3）要创新教育扶贫模式，促进普职教育大融合。要创新职业教育和义务教育的融合模式，通过职业教育促进义务教育的完成，以义务教育的高完成率为职业教育打下良好基础。例如，湖南省怀化市经开区圆梦职业学校以“探索教育扶贫模式，阻断贫困代际传递”为宗旨，形成了学生零学费和学校可持续办学相统一的“教育扶贫蓄水池”，搭建了学历教育与非学历教育、职业教育与成人教育、技能教育与养成教育相互贯通的“教育扶贫立交桥”，建立了以切实保障学生高质量就业与推动学生成功创业为一体的“教育扶贫直通车”，构建了一个互利共存、相互依赖的教育扶贫生态，赢得了老百姓的好评。

五、深入实施健康扶贫工程

2017年6月23日，习近平总书记在深度贫困地区脱贫攻坚座谈会上强调，要加大医疗救助、临时救助、慈善救助等帮扶力度，把贫困人口全部纳入重特大疾病救助范围，保障贫困人口大病得到医治。要实施健康扶贫工程，加强贫困地区传染病、地方病、慢性病防治工作，全面实施贫困地区儿童营养改善、孕前优生健康免费检查等重大公共卫生项目，保障贫困人口享有基本医疗卫生服务。

（1）准确把握健康扶贫的标准要求。实施健康扶贫工程，首要目的就是要达到“两不愁三保障”中的贫困人口基本医疗有保障这一指标，主要是指将贫困人口全部纳入基本医疗保险、大病保险和医疗救助等制度保障范围，常见病、慢性病能够在县、乡、村三级医疗机构获得及时诊治，得了大病、重病后基本生活仍然有保障。这是立足我国国情提出的切实可行的目标。

（2）积极探索健康扶贫的有效模式。实施健康扶贫非一日之功，需要在做细做实的基础上不断探索适合当地情况的运行模式。例如，河南省济源市立足贫困群众的健康需求，将“精准识别、大病专治、签约服务、动态管理、疾病预防、医疗惠民”六项工作融为一体、形成闭环，纳入对每一位贫困人员的全过程、全流程精准服务中，形成了集工作推进与评价标准于一体的“六位一体”健康扶贫工作模式。按照“大病集

冰寒 / 摄

2017 年 12 月 17 日，“大病不出县——‘双百’远程医疗扶贫工程”启动暨国产品牌创新医疗扶贫联盟成立大会在全国政协礼堂举行。大会以“大病不出县——行走的医院远程医疗扶贫”和“百强民族企业捐助百县千乡万村”两个内容为主题，主要针对中西部 17 个重点省份的国家级贫困地区、省级贫困地区、革命老区、民族地区、边疆地区以及其他相关地区，实施医疗扶贫创新协作工程。

图为大会现场。

中救治、慢病签约服务、重病兜底保障”分类建立工作台账，强化定点医院、“一人一策”靶向救治，构建了基本医保、大病保险、困难群众大病补充保险、民政救助、贫困人口医疗补充保险、困难群众医保再保障健康扶贫“六道防线”，所有因病因残致贫的群众都享受到了全方位、全周期的医疗保障，受到了贫困群众的高度评价。

（3）大力推动医疗资源向基层下沉和医疗创新。只有基层有足够多的优质医疗资源，才能啃下健康扶贫的硬骨头。例如，山东省淄博市借鉴学习第一书记抓基层党建、扶贫工作的做法，在全国首创“第一村医”帮扶机制，大大提升了扶贫成效，在扶贫实践中起到了引领和示范作用。“第一村医”机制以解决目前基层医疗机构面临的主要问题为出发点，重点打通卫生人才向下流动通道、基层医务人员职业发展通道和患者双向转诊绿色通道“三个通道”，全力推进优质医疗资源和大医院普通门诊患者“双下沉”，实现了推动基层医疗卫生服务能力提升的目标。无独有偶，甘肃省人民医院依托远程会诊网络，铺设了与基层医疗机构信息互通的“高速公路”，大幅度提升了现有卫生健康存量资源的利用效率和医疗服务水平，实现了优质医疗资源的下沉，使贫困群众不出远门就可以享受到省级优质医疗资源，方便了贫困群众看病，改善了贫困群众生存质量，提高了贫困群众健康水平。

六、强化综合保障性扶贫

2017 年 1 月，习近平总书记在春节前夕赴河北张家口看望慰问基层干部群众时的讲话中强调，要把社会保障兜底扶贫作为基本防线，加大重点人群救助力度，用社会保障兜住失去劳动能力人口的基本生活。综合保障性扶贫，是指建立以社会保险、救助和福利制度为主体，以社会帮扶、社工助力为辅助的综合保障体系，为无法依靠其他方式脱贫的贫困人口提供兜底保障的一种扶贫模式。

（1）认清综合保障性扶贫的主要对象和目标。综合保障性扶贫并不是对剩下的贫困人口采取低保一兜了之的方式，而是重点针对那些完全或部分丧失劳动能力的老病残等特殊贫困群体。这些特殊贫困群体，很多都不具备自我发展的能力和条件，无业可扶、无力可扶，没有产业能带动，因此开发式扶贫难以发挥作用，必须调整攻坚的打法，从以开发式扶贫为主向坚持开发式和保障性扶贫相统筹转变。

（2）坚持以社会保险、社会救助、社会福利制度为主体。习近平总书记强调，要统筹协调农村扶贫标准和农村低保标准，按照国家扶贫标准综合确定各地农村低保的最低指导标准，低保标准低的地区要逐步提高到国家扶贫标准，实现“两线合一”，发挥低保线兜底作用。还要加大其他形式的社会救助力度，对因灾等造成的临时贫困群众要及时给予救助，加强农村最低生活保障和城乡居民养老保险、五保供养等社会救助制度的统筹衔接。

（3）创新社会帮扶、社会助力模式。由于许多失能半失能扶贫对象已经失去或部分失去自理能力，其日常生活照护与康复治疗在需求层面、服务层面已经高度叠加，很难分开。受传统养老、医疗体系分割局限，现有敬老院、社会养老机构在养老的同时难以“就地医”，医疗机构在医治的同时也难以“就地养”；同时，一些重残重病家庭成员，由于没有可靠的养护依托条件，成为其家庭无法通过常规扶贫政策脱贫的重要原因。如何从根本上破解此类贫困人口医、养、护供需下的综合保障难题，成为健康脱贫中最难啃的一块硬骨头。例如，陕西省榆林市榆阳区大胆改革探索，创新建立医疗、养老资源保障机制，通过政府购买服务的方式，将全区所有的失能半失能贫困人口依托区老年护理院进行一站式医养服务，形成了基本养护费用低、家庭托养负担小、受益范围大的普惠型失能贫困人口健康扶贫新模式。在这种新模式中，医疗、养老模式可随时就地切换，同时照顾到了养护对象的日常生活照料需求、疾病诊疗和康复需求，在不增加政府额外财政负担的情况下，破解了失能半失能人群在精准扶贫中的健康养护难题。

第七讲 持续做好行业扶贫

基础设施的完善和人居环境的改善是贫困地区彻底脱贫的基础性条件，是关系人们生存与发展质量的关键性要素，也是使贫困地区稳定脱贫、不再返贫的重要保障。必须加快贫困地区基础设施建设，重点实施交通扶贫、水利扶贫、电力和网络扶贫等行动，大力推进贫困地区农村人居环境整治。

≋

一、加快实施交通扶贫行动

一路通则百业兴。交通运输是贫困地区脱贫攻坚的基础性条件。习近平总书记指出，交通基础设施建设具有很强的先导作用，特别是在一些贫困地区，改一条溜索、修一段公路就能给群众打开一扇脱贫致富的大门。交通扶贫是扶贫开发的重要领域，要进一步把农村公路建好、管好、护好、运营好，逐步消除制约农村发展的交通瓶颈，为广大农民致富奔小康提供更好的保障。

“要想富，先修路。”神州大地上，通过修路致富的例子不胜枚举。甘肃省静宁县是六盘山片区的特困地区和干旱县之一。在道路建设中，静宁县坚持“产业发展到哪里道路就建设到哪里，道路贯通到哪里产业就跟进到哪里”，建成苹果产区通畅路 91 条，共 610 公里，极大改善了果品运输条件，“静宁苹果”作为中国驰名商标和知名地理标志产品被销往海内外。湖南省宁乡市建设 2000 余公里农村公路和 6 条旅游公路，带动该市西部山区 9 个贫困乡 1.2 万人就业，农民人均增收达 1.5 万元。湖北省黄冈市大别山红色旅游公路及其支线惠及近 370 万群众，旅游收入超过百亿元，有效带动了老区人民脱贫致富。

便利的交通对于扶贫脱贫的重要作用不言而喻，要继续实施交通扶贫，结合贫困地区交通运输发展的实际需要，进一步加强贫困地区交通基础设施建设，提升运输服务能力和水平，强化安全保障能力和管理养护效

赵凛松／摄

扎碾公路是国家《集中连片特困地区交通建设扶贫规划纲要（2011—2020 年）》中规划的省级公路之一。
图为航拍的有“青海最美公路”之称的扎碾公路。

能。2019年2月19日，交通运输部表示，力争到2020年，贫困地区实现国家高速公路主线基本贯通，具备条件的县城通二级及以上公路，具备条件的建制村通硬化路、通客车，总体实现“进得来、出得去、行得通、走得畅”，为脱贫攻坚和全面建成小康社会提供坚实有力的交通运输保障。

（1）建设“康庄大道路”。推动国家铁路网、国家高速公路网连接贫困地区的重大交通项目建设，推进贫困地区骨干通道外通内联，提高1.6万公里国家高速公路和4.6万公里普通国道技术标准，加快贫困地区省道改造和支线机场、通用机场、内河航道建设，实现贫困地区国家高速公路主线基本贯通，具备条件的县城通二级及以上公路，促进资源要素便捷顺畅流动，实现区域发展和脱贫致富。

（2）建设“幸福小康路”。2016年7月交通运输部印发的《“十三五”交通扶贫规划》提出，实现农村公路通村畅乡，建设约23万公里的通乡镇和建制村硬化路，2019年提前一年实现全国具备条件的建制村通硬化路这个全面小康社会兜底性指标。建设约10.8万公里通村硬化路，解决沿边地区较大人口规模撤并建制村和“直过民族”地区20户以上自然村的通畅问题。

（3）建设“平安放心路”。加强农村公路安全防护，实施农村公路危桥改造，对通客车村道上不符合安全通客车要求的窄路基路面路段合理进行加宽改造，排除乡道及以上行政等级公路安全隐患，提升农村公路安全水平。

（4）建设“特色致富路”。推进“交通＋特色产业”“交通＋电商快递”等扶贫新模式，改造建设一批贫困乡村资源路、旅游路、产业路，优先改善自然人文、少数民族特色村寨和风情小镇等旅游景点景区交通设施，进一步强化交通对产业扶贫的基础支撑作用，支持贫困地区特色产业发展。此外，还要进一步改善内河水运基础设施，加强贫困地区县、乡客运站点改造建设，实现具备条件的建制村通客车全覆盖，提升运输服务水平。

二、大力推进水利扶贫行动

水利扶贫是党的十九大关于打赢脱贫攻坚战总体部署的重要环节，是《关于打赢脱贫攻坚战三年行动的指导意见》的具体要求。2018 年 8 月，水利部印发《水利扶贫行动三年（2018—2020 年）实施方案》（以下简称《方案》），加强组织领导，强化责任担当，细化工作举措，推动任务落实。

《方案》落实“节水优先、空间均衡、系统治理、两手发力”的治水方针，突出问题导向，聚焦深度贫困，强化主体责任，优化政策供给，着力推进贫困地区水利基础设施建设，着力提升贫困地区水利管理能力，着力加强水利扶贫工作作风建设，扎实推进行业扶贫、定点扶贫、片区联系、对口支援和革命老区“五位一体”水利扶贫各项工作，为打赢脱贫攻坚战、全面建成小康社会提供坚实的水利支撑和保障。争取到 2020 年，贫困地区水利基础设施公共服务能力接近全国平均水平，因水致贫的突出水利问题得到有效解决，支撑贫困地区长远发展的水利保障能力得到较大提升，水利良性发展机制初步建立，基本建成与全面小康社会相适应的水安全保障体系。

在中央的部署指导下，各贫困地区的水利扶贫工作取得重大进展。例如，西藏自治区 2019 年着力解决“两不愁三保障”农村饮水安全突出问题，加快补齐贫困地区水利基础设施短板。在保障饮水安全方面，结合易地扶贫搬迁、边境小康村建设、极高海拔地区生态搬迁等脱贫攻

张添福 / 摄

青海省持续推进小流域综合治理、坡耕地整治等水土保持重点项目，各级河长、湖长常态化巡查，加大治水投资等，确保“中华水塔”“一江清水向东流”。
图为整治后的青海黄河一景。

坚重大举措，紧盯自治区 3.23 万建档立卡贫困人口饮水不安全问题，精准解决农村饮水不安全问题。累计落实农村饮水安全巩固提升工程建设资金 19.69 亿元，实施工程 7233 处，受益人口 74.75 万人。截至 2019 年 9 月中旬，自治区建档立卡贫困人口饮水不安全问题全部解决，并在扶贫统计系统中销号。在建设水利设施方面，新增和改善农田灌溉面积 42.25 万亩，新增高效节水灌溉面积 2.53 万亩，新增和改善饲草料地和草场灌溉面积 7.4 万亩。实施山洪灾害防治综合治理工程，治理河长 22.24 公里，保护人口 7594 人。①

下一步水利扶贫工作还需在以下方面做好功课。一是继续全力推进农村饮水安全巩固提升。进一步提高农村集中供水率、自来水普及率、供水保证率和水质达标率，到 2020 年全面解决贫困人口饮水安全问题。坚持农村饮水安全保障地方行政首长负责制和农村饮水安全实行“省负总责、市县抓落实”的工作机制，强化农村饮水安全巩固提升工作考核，确保按期完成任务。二是持续加强贫困地区灌溉排水设施建设。到 2020 年，恢复和改善灌溉面积 2000 万亩。三是大力推进贫困地区重大水利工程建设。加快引江济淮、云南滇中引水、内蒙古引绰济辽、陕西引汉济渭、贵州夹岩及黔西北调水、甘肃引洮供水二期等涉及贫困地区的在建重大水利工程建设，争取早日建成发挥效益。四是不断加强贫困地区防洪减灾能力建设。基本完成岷江、雅砻江、清水河、喀什噶尔河、无定河等流域面积 3000 平方公里以上中小河流以及贫困地区流域面积 200—3000 平方公里中小河流治理规划任务。推进贫困地区大中型病险水库除险加固，加快实施小型病险水库除险加固。五是继续加大贫困地区水土流失综合治理。继续支持西北黄土高原区、西南岩溶区、南方红壤区、东北黑土区等重点区域水土流失综合治理，加大贫困地区坡耕地改造支持力度。继续推进贫困地区水生态建设工程和水利风景区建设。

① 张尚华:《2019 年水利扶贫工作综述：滴滴甘霖润民心》，中国西藏新闻网 2020年1月14 日。

三、大力实施电力和网络扶贫行动

做好电力扶贫工作，加强贫困地区电力设施建设、提供电力普遍服务、因地制宜开发利用当地可再生能源，是改善贫困地区生产生活条件的关键举措和精准脱贫的重要途径。

2015年11月，在中央部署全面打赢脱贫攻坚战后，国家电网公司研究决定，实施“国网阳光扶贫行动”，投资212.7亿元，实施村村通动力电工程；投资32亿元，完成国家光伏扶贫项目接网工程；投资7.07亿元，完成湖北、青海两省五县区定点光伏扶贫工程。

以光伏扶贫推动电力扶贫，以电力扶贫带动产业扶贫。近年来，光伏扶贫已成为国家电网公司开展电力扶贫的重要抓手。2016年，国家电网公司在定点扶贫五县区建成7座总容量2.98万千瓦集中式光伏扶贫电站。国家电网公司投入20%的项目资本金，其余采取融资，电站收益扣除还本付息和必要的运行成本后，余下收益全部用于扶贫，为贫困人口提供稳定、持续的资金保障。2017年，国家电网公司采取捐建村级光伏电站的模式实施光伏扶贫工程，全额出资4.57亿元，在湖北“三县一区”236个建档立卡贫困村，每村建设200千瓦光伏扶贫电站，总容量4.72万千瓦，投运后捐赠给村集体，帮助32253户96666名建档立卡贫困人口脱贫。据估算，包含地方政府0.25元/千瓦时的补贴，每个200千瓦村级电站每年产生可用于扶贫的收益有19万元左右。2017年6月，

王文 / 摄

2016 年 4 月，习近平总书记在安徽省金寨县考察时强调，各级党委和政府要怀着对人民的热爱、按照党中央提出的精准扶贫要求，打好脱贫攻坚战，让老区人民过上幸福美好生活。图为位于金寨县金刚台村的全省首座跟踪式农光互补光伏电站，由国家电网公司捐建，全部用于全村公益性支出和特困户帮扶。

236 个村级光伏扶贫电站全部建成投产。[①]

2017 年 4 月，湖北省神农架林区大九湖镇落羊河村的光伏扶贫电站投入运营，每年可产生发电收益 15 万至 18 万元，运营周期为 25 年，相当于国家电网公司免费送给村民一份阳光存折。落羊河村如今已彻底告别“无电村”，电商平台延伸到村组，农业特产成为“香饽饽”，远销省内外；村组公路得到新修和拓展，坎坷山路变坦途，达到了国家规定的贫困村集体收入达到 5 万元以上的脱贫摘帽标准。

2017 年 3 月 29 日，国家能源局召开 2017 年扶贫工作领导小组会议，决定以后的电网扶贫工作，除了对定点地区的捐建、援助外，还要加快推进贫困地区农网改造升级，全面提升农网供电能力和供电质量，制定贫困村通动力电规划，提升贫困地区电力普遍服务水平。增加贫困地区年度发电指标。提高贫困地区水电工程留存电量比例。加快推进光伏扶贫工程，支持光伏发电设施接入电网运行，发展光伏农业。

网络扶贫是信息化时代中国扶贫开发中的重大实践创新，为新时代中国特色扶贫实践注入了新的活力。它运用大数据、物联网等信息通信手段，搭建以政府为主体、社会力量广泛参与的扶贫信息综合平台，完善政府、市场和社会的协同机制，形成扶贫合力，开创贫困治理新模式。网络扶贫的实施有助于精准识别扶贫对象，有助于扶贫动力的内外融通，有助于扶贫主体的系统升级，有助于扶贫路径的实践切入，有助于扶贫效果的稳定有序。

2016 年 10 月，中共中央网络安全和信息化委员会办公室同国家发展和改革委员会、国务院扶贫开发领导小组办公室联合印发《网络扶贫行动计划》，要求充分发挥互联网在助推脱贫攻坚中的重要作用，统筹实施网络覆盖工程、农村电商工程、网络扶智工程、信息服务工程、网

① 祝科:《国家电网公司定点扶贫地区 236 个村级光伏扶贫电站全部建成投运》，人民网 2017 年 6 月 15 日。

许庆勇 / 摄

2019 年 9 月 11 日，安徽省肥东县人民政府和霍邱县人民政府联合举办“2019 肥东县霍邱县结对扶贫中秋节展销会”。来自肥东县、霍邱县电商经营主体、优质农产品生产企业、农业产业化龙头企业、农民专业合作社、创业贫困户、电商扶贫合伙人等共计 60 家，超过 500 种优质农产品集中亮相，为中秋佳节市民采购农产品搭建一站式平台，通过消费扶贫帮助贫困地区增收脱贫。

图为群众在结对扶贫中秋展销会上选购农特产品。

络公益工程五大工程，推进精准扶贫精准脱贫。此后，各地区、各部门加强政策协同、资源整合和上下联动，瞄准建档立卡贫困户和特殊贫困群众精准帮扶，持续向深度贫困地区聚焦发力，着力解决“两不愁三保障”突出问题，扎实推动网络扶贫取得明显成效。在网络覆盖方面，深入实施电信普遍服务试点，2018 年已基本完成前三批试点 4.3 万个贫困村光纤建设项目，贫困村通宽带比例达到 97%，启动实施第四批试点支持 3600 个贫困村 4G 网络建设。在农村电商方面，截至 2018 年年底，纳入综合示范的贫困县网络零售额超过 1100 亿元，增速高出全国平均增速 31.5 个百分点。目前，电子商务进农村综合示范实现对 832 个国家级贫困县全覆盖。在网络扶智方面，组织开展宽带卫星联校试点，通过卫星和网络免费向农村及偏远贫困地区的孩子推送优质教育资源。深入开展科技特派员工作，推进“科技扶贫在线”为贫困户提供精准科技服务。在信息服务方面，深入实施信息进村入户工程。截至 2018 年年底，建设运营益农信息社 27.2 万个，培训村级信息员 78.6 万人次，为农民和新型经营主体提供公益服务 9579 万人次，开展便民服务 3.14 亿人次。在网络公益方面，建设中国社会扶贫网，搭建连接贫困人口和社会爱心人士、爱心企业的网络服务平台。截至 2019 年 6 月 30 日，累计注册用户 4762 万人，发布贫困需求 506.9 万件，对接成功率达 77.2%。①

2019 年 4 月，中共中央网络安全和信息化委员会办公室、国家发展和改革委员会、国务院扶贫开发领导小组办公室、工业和信息化部联合印发《2019 年网络扶贫工作要点》。该要点强调，网络扶贫工作要围绕解决“两不愁三保障”突出问题，聚焦深度贫困地区、特殊贫困群体和建档立卡贫困户，充分发掘互联网和信息化在精准脱贫中的潜力，为打赢脱贫攻坚战作出新的更大贡献。

（1）聚焦深度贫困地区，加大网络扶贫工作力度。深入开展“网络

---

①《扎实推进网络扶贫，助力打赢脱贫攻坚战》，中国网信网 2019 年 10 月 5 日。

扶贫深度贫困地区行”活动，推动更多网络扶贫举措和项目向深度贫困县、贫困村倾斜，促进深度贫困地区特色产业发展，支持深度贫困地区发展“互联网 + 旅游”，加大对深度贫困地区的政策资金支持等。

（2）突出特殊贫困群体，创新网络扶贫帮扶举措。精准帮扶因病致贫因病返贫群众，带动贫困妇女增收脱贫，关爱贫困学生和困境儿童，加大对残疾人、孤寡老人、留守妇女等贫困群体的帮扶力度，开展少数民族语言语音技术研发应用和推广等。

（3）引导网信企业持续参与网络扶贫，增强脱贫攻坚的可持续性。引导网信企业与贫困地区开展网络扶贫结对帮扶，瞄准建档立卡贫困户，实施一批网络扶贫结对帮扶项目，加强帮扶项目的跟踪落实等。

（4）加大组织实施力度，务实推进网络扶贫东西部协作。加快推进东西部网信产业合作，强化东西部劳务对接和人才支持，推动网络扶贫东西部协作项目落地等。

（5）瞄准建档立卡贫困户，推进网络扶贫工程升级版。深化拓展网络覆盖工程，加快推进电信普遍服务第四批试点建设。扎实推进农村电商工程，深化电商扶贫频道建设，打好建制村直接通邮攻坚战，大力推进“快递下乡”工程。大力实施网络扶智工程，实施学校联网攻坚行动，深化宽带卫星联校试点，扩大优质教育资源覆盖面。优化提升信息服务工程，推进部门间扶贫工作的信息共享、数据交换、比对分析等，为宏观决策和工作指导提供支撑。加快构建线上线下结合的乡村便民服务体系。务实开展网络公益工程，精准开展网络公益扶贫项目。

（6）充分释放数字红利，增强贫困地区内生动力。做好网络扶贫与乡村振兴和数字乡村战略衔接，因地制宜、因势利导，推动脱贫摘帽的贫困县加快数字乡村建设，指导深度贫困地区全面统筹数字乡村建设，防止“数字鸿沟”进一步拉大。发挥网络扶贫带头人作用，普及信息技术知识，帮助贫困人口提升信息技能。

四、大力推进贫困地区农村人居环境整治

改善农村人居环境是实施乡村振兴战略和扶贫攻坚的重要任务，事关全面建成小康社会，事关广大农民福祉，事关农村文明和谐。近年来，我国把改善农村人居环境作为乡村振兴战略的重要内容，大力推进农村基础设施建设和城乡基本公共服务均等化，农村人居环境建设取得了显著成效。但是，我国农村人居环境状况还不尽如人意，与全面建成小康社会的要求和农民群众的期盼还有较大差距，仍然是经济社会发展的突出短板。加快推进农村人居环境整治，不仅必要，而且紧迫。

（1）一些农村不同程度地出现了垃圾围村的现象。传统的农耕生活少有垃圾产生，农村也很少设置垃圾处理的场所和设施。但是随着生活水平提高和电商网购的普及，大量工业制成品涌入乡村，乡村垃圾迅速增加，远远超出了农耕生活方式下的垃圾处理能力。“垃圾围村”开始出现，且处理难度远高于城市。无法处理的垃圾随处堆放，造成了严重的环境污染；村建的小型垃圾填埋场对土壤和地下水的威胁很大；分散焚烧可处理的垃圾量有限，且同样会造成环境污染。

（2）污水问题随着乡村发展而变得日益严重。传统乡村产生的少量污水可通过雨水、河流等方式自然净化，农村基本不设污水处理设施。但是，随着自来水、冲水马桶、沐浴设施和洗衣机在农村的普及，生活污水迅猛增加，对村容村貌带来很大影响。洗衣机普及带来化学洗涤剂

的普遍使用，使用过程中排出的大量含磷的废水直接污染了农村的水体，对地下水清洁造成极大威胁。

（3）农村厕所是人居环境改善的老问题。传统的乡村普遍使用旱厕，不仅污染空气，而且滋生蚊蝇，对农村环境构成严重威胁。过去，粪污作为农家肥，是一种资源。现在，农民越来越多地使用化肥，粪污不再是一种资源，而成为难以处理的垃圾。

（4）农村人居环境问题不仅仅源自生活方式的改变，也源自生产方式的改变。种植业对农村人居环境的影响体现在化肥、农药和地膜的污染上。尽管通过各级政府的努力，中国实现了农药和化肥的零增长目标，但其对环境的影响仍然是巨大的。养殖业也正在成为影响农村人居环境的重要因素。过去，农民家庭养殖业的规模都很小，大部分农民不过养一两头猪，粪肥作为有机肥。现在，规模化的养殖业正在代替一家一户的分散养殖业，养殖业产生的污水和粪便既集中又量大，成为农村新的污染源。

针对上述问题，要顺应广大农民过上美好生活的期待，统筹生产、生活、生态，以建设美丽宜居村庄为目标，以垃圾、污水治理和村容村貌提升为重点，整合资源、强化举措，加快补齐农村人居环境短板，如期实现全面建成小康社会目标。

（1）推进农村生活垃圾治理。统筹考虑生活垃圾和农业生产废弃物利用、处理，建立健全符合农村实际、方式多样的生活垃圾收运处置体系，重点整治垃圾山、垃圾围村、工业污染“上山下乡”。

（2）开展厕所粪污治理。合理选择改厕模式，推进厕所革命。东部地区、中西部城市近郊区以及其他环境容量较小地区村庄，加快推进户用卫生厕所建设和改造，其他地区要按照群众接受、经济适用、维护方便、不污染公共水体的要求，普及不同水平的卫生厕所。加强改厕与农村生活污水治理的有效衔接。

（3）梯次推进农村生活污水治理。因地制宜采用污染治理与资源利

蒙增师 / 摄

2013 年以来，广西壮族自治区以环境综合整治和基础设施建设为重点，因地制宜、因村施策，发挥群众主体作用，分阶段推进“美丽广西”乡村建设，改善农村人居环境。
图为广西壮族自治区罗城仫佬族自治县宝坛乡平英屯的一角。

用相结合、工程措施与生态措施相结合、集中与分散相结合的建设模式和处理工艺，推动城镇污水管网向周边村庄延伸覆盖，将农村水环境治理纳入河长制、湖长制管理。

（4）提升村容村貌。加快推进通村组道路、入户道路建设，基本解决村内道路泥泞、村民出行不便等问题。整治公共空间和庭院环境，消除私搭乱建、乱堆乱放。大力提升农村建筑风貌，突出乡土特色和地域民族特点。加大传统村落民居和历史文化名村名镇保护力度，弘扬传统农耕文化，提升田园风光品质。

（5）建立完善村规民约。将农村环境卫生、古树名木保护等要求纳入村规民约，通过群众评议等方式褒扬乡村新风，鼓励成立农村环保合作社，深化农民自我教育、自我管理。

（6）提高农村文明健康意识。把培育文明健康生活方式作为培育和践行社会主义核心价值观、开展农村精神文明建设的重要内容。提高村民文明卫生意识，营造和谐、文明的社会新风尚，使优美的生活环境、文明的生活方式成为农民内在的自觉要求。

通过以上努力，争取 2020 年实现农村人居环境明显改善，村庄环境基本干净整洁有序，村民环境与健康意识普遍增强。东部地区、中西部城市近郊区等有基础、有条件的地区，人居环境质量全面提升，基本实现农村生活垃圾处置体系全覆盖，基本完成农村户用厕所无害化改造，厕所粪污基本得到处理或资源化利用，农村生活污水治理率明显提高，村容村貌显著提升，村庄环境管护长效机制初步建立。中西部有较好基础、基本具备条件的地区，人居环境质量得到较大提升，力争实现 90% 左右的村庄生活垃圾得到治理，卫生厕所普及率达到 85% 左右，生活污水乱排乱放得到管控，村内道路通行条件明显改善。地处偏远、经济欠发达等地区，在优先保障农民基本生活条件基础上，实现人居环境干净整洁的基本要求。

第八讲
深入做好社会扶贫

“人心齐，泰山移。”脱贫致富不仅仅是贫困地区的事，也是全社会的事。习近平总书记指出，扶贫开发是全党全社会的共同责任，要动员和凝聚全社会力量广泛参与。也就是说，扶贫仅依靠政府力量是不够的，需要调动各方力量，形成扶贫开发工作强大合力。决战决胜脱贫攻坚，必须深入推进东西部扶贫协作、党政机关定点扶贫、军队和武警部队扶贫、社会力量参与扶贫，形成全社会广泛参与的脱贫攻坚格局。

一、加大东西部扶贫协作和对口支援力度

东西部扶贫协作和对口支援，是推动区域协调发展、协同发展、共同发展的大战略，是加强区域合作、优化产业布局、拓展对内对外开放新空间的大布局，是实现先富帮后富、最终实现共同富裕目标的大举措。组织东部地区支援西部地区以来，特别是党的十八大以来，党中央不断加大工作力度，形成了多层次、多形式、全方位的扶贫协作和对口支援格局。在西部地区城乡居民收入大幅提高、基础设施显著改善、综合实力明显增强的同时，国家区域发展总体战略得到有效实施，区域发展协调性增强，开创了优势互补、长期合作、聚焦扶贫、实现共赢的良好局面。习近平总书记指出："要深化东西部扶贫协作和中央单位定点扶贫。当前，最突出的任务是帮助中西部地区降低疫情对脱贫攻坚的影响，在劳务协作上帮、在消费扶贫上帮。长远看，东西部扶贫协作要立足国家区域发展总体战略，深化区域合作，推进东部产业向西部梯度转移，实现产业互补、人员互动、技术互学、观念互通、作风互鉴，共同发展。"[①]

（1）提高认识、加强领导。国务院扶贫开发领导小组要加强东西部扶贫协作的组织协调、工作指导和考核督查。西部地区要增强紧迫感和主动性，不以事艰而不为，不以任重而畏缩，倒排工期、落实责任，抓

① 习近平：《在决战决胜脱贫攻坚座谈会上的讲话》，《人民日报》2020 年 3 月 7 日。

紧施工、强力推进。东部地区要增强责任意识和大局意识，下更大气力帮助西部地区打赢脱贫攻坚战。帮扶双方党委和政府要强化对东西部扶贫协作和对口支援工作的领导，双方党政主要负责同志要亲力亲为推动工作，完善高层联席会议制度，把实现西部地区现行标准下的农村贫困人口如期脱贫作为主要目标，加大组织实施力度，科学编制帮扶规划并认真部署实施，建立健全机制，广泛动员党政机关、企事业单位和社会力量参与，形成帮扶合力。

（2）完善结对、深化帮扶。要着眼于任务的适当平衡，完善省际结对关系，坚决推动北京市帮扶内蒙古自治区、河北省张家口市和保定市；天津市帮扶甘肃省、河北省承德市；辽宁省大连市帮扶贵州省六盘水市；上海市帮扶云南省、贵州省遵义市；江苏省帮扶陕西省、青海省西宁市和海东市，苏州市帮扶贵州省铜仁市；浙江省帮扶四川省，杭州市帮扶湖北省恩施土家族苗族自治州、贵州省黔东南苗族侗族自治州，宁波市帮扶吉林省延边朝鲜族自治州、贵州省黔西南布依族苗族自治州；福建省帮扶宁夏回族自治区，福州市帮扶甘肃省定西市，厦门市帮扶甘肃省临夏回族自治州；山东省帮扶重庆市，济南市帮扶湖南省湘西土家族苗族自治州，青岛市帮扶贵州省安顺市、甘肃省陇南市；广东省帮扶广西壮族自治区、四川省甘孜藏族自治州，广州市帮扶贵州省黔南布依族苗族自治州和毕节市，佛山市帮扶四川省凉山彝族自治州，中山市和东莞市帮扶云南省昭通市，珠海市帮扶云南省怒江傈僳族自治州等帮扶任务落地落实落细。在此基础上，实施“携手奔小康”行动，着力推动县与县精准对接，探索乡镇、行政村之间结对帮扶。深化对口支援，对口支援西藏、新疆和四省藏区工作在现有机制下继续坚持向基层倾斜、向民生倾斜、向农牧民倾斜，更加聚焦精准扶贫精准脱贫，瞄准建档立卡贫困人口精准发力，提高对口支援实效。

（3）明确重点、精准聚焦。产业合作、劳务协作、人才支援、资金

谭凯兴 / 摄

广西壮族自治区融安县与广东省遂溪县的产业有机衔接，资源优势互补，是两县在粤桂扶贫协作中实干、高效、共赢的典范。在扶贫协作中，两县积极组织开展产业合作，先后促成了山湖海集团、融嘉工艺、锦鸿木业、逢春制药等企业在融安投资或合作，也建成了3个扶贫微车间，为当地提供就业岗位，帮助贫困群众就业脱贫。
图为航拍的融安县农产品加工暨粤桂扶贫协作产业园一角。

支持都要瞄准建档立卡贫困人口脱贫精准发力。精准发力产业合作，把东西部产业合作、优势互补作为深化供给侧结构性改革的新课题，研究出台相关政策，大力推动落实；立足资源禀赋和产业基础，激发企业到贫困地区投资的积极性，支持建设一批贫困人口参与度高的特色产业基地，培育一批带动贫困户发展产业的合作组织和龙头企业，引进一批能够提供更多就业岗位的劳动密集型企业、文化旅游企业等，促进产业发展带动脱贫；加大产业合作科技支持，充分发挥科技创新在增强西部地区自我发展能力中的重要作用。精准发力劳务协作，建立和完善劳务输出精准对接机制，提高劳务输出脱贫的组织化程度；西部地区要摸清底数，准确掌握建档立卡贫困人口中有就业意愿和能力的未就业人口信息，以及已在外地就业人员的基本情况，因人因需提供就业服务，与东部地区开展有组织的劳务对接，同时做好本行政区域内劳务对接工作，依托当地产业发展，多渠道开发就业岗位，支持贫困人口在家乡就地就近就业；精准发力人才支援，选派优秀干部挂职，广泛开展人才交流，促进观念互通、思路互动、技术互学、作风互鉴，采取双向挂职、两地培训、委托培养和组团式支教、支医、支农等方式，加大教育、卫生、科技、文化、社会工作等领域的人才支持，把东部地区的先进理念、人才、技术、信息、经验等要素传播到西部地区；加大政策激励力度，鼓励各类人才扎根西部贫困地区建功立业，引导帮扶省市选派到被帮扶地区的挂职干部把主要精力放到脱贫攻坚上，加大对西部地区干部特别是基层干部、贫困村创业致富带头人培训力度。精准发力资金支持，东部省份要根据财力增长情况，逐步增加扶贫协作和对口支援财政投入，并列入年度预算；西部地区要以扶贫规划为引领，整合扶贫协作和对口支援资金，聚焦脱贫攻坚，形成脱贫合力，同时切实加强资金监管，提高使用效益。

二、深入开展定点扶贫工作

党政军机关、企事业单位开展定点扶贫，是中国特色扶贫开发事业的重要组成部分，也是我国政治优势和制度优势的重要体现；是加大对革命老区、民族地区、边疆地区、贫困地区发展扶持力度的重要举措，也是定点扶贫单位贴近基层、了解民情、培养干部、转变作风、密切党群干群关系的重要途径。

2012 年，国家部署开展新一轮定点扶贫工作，参与定点扶贫的中央和国家机关等单位达到 310 个，军队和武警部队与全国 63 个县、547 个乡镇、2856 个贫困村结对，首次实现定点扶贫对全国 592 个国家扶贫开发工作重点县的全覆盖。党的十八大以来，习近平总书记对定点扶贫多次作出重要指示。2015 年，他在部分省区市扶贫攻坚与“十三五”时期经济社会发展座谈会上的讲话中强调“健全东西部协作、党政机关定点扶贫机制，各部门要积极完成所承担的定点扶贫任务，东部地区要加大对西部地区的帮扶力度，国有企业要承担更多扶贫开发任务”，对定点扶贫工作提出了新要求。2015 年，国务院扶贫开发领导小组办公室会同各牵头组织部门发出《关于进一步完善定点扶贫工作的通知》，按照“同一类单位定点扶贫任务相对均衡、分类考核”的总体原则，对定点扶贫结对关系进行了局部调整，新增 22 个单位参加定点扶贫，部分单位参加地方组织的扶贫工作，调出帮扶单位序列。调整后，参与定点扶贫的中央、国家机关和有关单位共320个，帮扶全国592个国家扶贫开发工作重点县，军队和武警部队继续推进与贫困县、乡镇、村的定点帮扶工作。

决战决胜扶贫攻坚，必须持续加大定点扶贫力度。各相关单位要按照中央部署，再接再厉，切实增强责任感、使命感、紧迫感，坚持发挥单位、行业优势与立足贫困地区实际相结合，主要领导直接抓，健全创新工作机制，多方筹措资源，进一步提高定点扶贫的精准度和有效性，提高扶贫成效，为坚决打赢脱贫攻坚战作出新的更大贡献。

（1）健全牵头联系机制。中央直属机关工委、中央国家机关工委、中央统战部、教育部、人民银行、国务院国资委、中央军委政治工作部分别牵头联系中直机关、中央国家机关、民主党派中央和全国工商联、高校、金融机构、中央企业、解放军和武警部队的定点扶贫工作，中央组织部牵头联系各单位选派挂职扶贫干部和第一书记工作，国务院扶贫开发领导小组办公室负责定点扶贫的综合协调工作。

（2）突出工作重点。进一步明确工作任务，细化工作举措，在“精准”二字上做好文章，坚持精准扶贫精准脱贫，协助地方党委和政府拓宽工作思路，改革创新扶贫方式，实现帮扶工作的可持续性发展；广泛宣传党和国家关于扶贫工作的各项方针政策，帮助贫困地区干部群众更新思想观念，转变工作作风，多措并举落实扶贫开发各项工作任务；发挥自身特点和部门优势，因地制宜开辟脱贫致富路子，坚持“走出去”和“请进来”相结合，突出智力扶贫，采取培训、转移就业等多种形式，增强当地干部群众依靠自身力量脱贫致富的能力，着力促进农民增收致富，确保实现精准扶贫精准脱贫目标；科学谋划扶贫项目，主动帮助做好项目对接，加强与各方的协调沟通，形成工作合力，确保扶贫工作的持续性、针对性和实效性。

三、激励各类企业、社会组织扶贫

决战决胜脱贫攻坚需要社会各方面力量的参与。各类企业、社会组织等在帮助贫困群众转变思想观念、树立自我脱贫信心、拓宽致富路径、提升自我脱贫能力等方面可以发挥积极作用。《中华人民共和国国民经济和社会发展第十三个五年规划纲要》明确指出:“鼓励支持民营企业、社会组织、个人参与扶贫开发，引导社会扶贫重心下移，实现社会帮扶资源和精准扶贫有效对接。”2015 年 11 月 29 日发布的《中共中央、国务院关于打赢脱贫攻坚战的决定》要求:“鼓励支持民营企业、社会组织、个人参与扶贫开发，实现社会帮扶资源和精准扶贫有效对接。”

（1）持续培育多元社会扶贫主体。落实国有企业精准扶贫责任，通过发展产业、对接市场、安置就业等多种方式帮助贫困户脱贫。深入推进“万企帮万村”精准扶贫行动，大力倡导民营企业扶贫，鼓励民营企业积极承担社会责任，充分激发市场活力，发挥资金、技术、市场、管理等优势，通过资源开发、产业培育、市场开拓、村企共建等多种形式到贫困地区投资兴业、培训技能、吸纳就业、捐资助贫，参与扶贫开发，发挥辐射和带动作用。支持和指导社会组织参与脱贫攻坚，加快建立社会组织帮扶项目与贫困地区需求信息对接机制，确保贫困人口发展需求与社会帮扶有效对接；鼓励引导社会各界使用贫困地区产品和服务，推动贫困地区和贫困户融入大市场；实施全国性社会组织参与“三区三州”

深度贫困地区脱贫攻坚行动；实施社会工作专业人才服务“三区”计划、服务机构“牵手计划”“教育对口扶贫计划”，为贫困人口提供生计发展、能力提升、心理支持等专业服务；加强对社会组织扶贫的引导和管理，优化环境、整合力量、创新方式，提高扶贫效能。动员组织各类志愿服务团队、社会各界爱心人士开展扶贫志愿服务，实施社会工作专业人才服务贫困地区系列行动计划，支持引导专业社会工作和志愿服务力量积极参与精准扶贫；推进扶贫志愿服务制度化常态化，建立扶贫志愿服务人员库，鼓励国家机关、企事业单位、人民团体、社会组织等组建常态化、专业化服务团队。

（2）持续创新社会扶贫方式。志愿行动方面，鼓励和支持青年学生、专业技术人才、退休人员和社会各界人士参与扶贫志愿者行动，建立扶贫志愿者组织，构建贫困地区扶贫志愿者服务网络。组织和支持各类志愿者参与扶贫调研、支教支医、文化下乡、科技推广等扶贫活动。扶贫公益品牌方面，继续发挥“光彩事业”“希望工程”“母亲水窖”“幸福工程”“母亲健康快车”“贫困地区儿童营养改善”“春蕾计划”“集善工程”“爱心包裹”“扶贫志愿者行动计划”等扶贫公益品牌效应，积极引导社会各方面资源向贫困地区聚集，动员社会各方面力量参与“雨露计划”、扶贫小额信贷和易地扶贫搬迁等扶贫开发重点项目，不断打造针对贫困地区留守妇女、儿童、老人、残疾人等特殊群体的一对一结对、手拉手帮扶等扶贫公益新品牌。信息服务平台方面，以贫困村、贫困户建档立卡信息为基础，结合集中连片特殊困难地区区域发展与扶贫攻坚规划，按照科学扶贫、精准扶贫的要求，制定不同层次、不同类别的社会扶贫项目规划，为社会扶贫提供准确的需求信息，推进扶贫资源供给与扶贫需求的有效对接，进一步提高社会扶贫资源配置与使用效率。政府购买服务方面，加快推进面向社会购买服务，支持参与社会扶贫的各类主体通过公开竞争的方式，积极参加政府面向社会购买服务工作，政

初宝瑞 / 摄

山东省滨州市高新区积极引导龙头企业参与扶贫，在实践中形成多种有效模式，让企业在扶贫过程中拓展市场，让贫困群众在企业发展中分享收益，实现富民又富企的双赢。
图为滨州市高新区青田街道贫困群众在一家企业参与投资的水稻种植基地劳作。

府部门择优确定扶贫项目和具体实施机构。支持社会组织承担扶贫项目的实施。

（3）健全完善社会扶贫机制。落实优惠政策，按照国家税收法律及有关规定，全面落实扶贫捐赠税前扣除、税收减免等扶贫公益事业税收优惠政策，以及各类市场主体到贫困地区投资兴业、带动就业增收的相关支持政策。降低扶贫社会组织注册门槛，简化登记程序，对符合条件的社会组织给予公益性捐赠税前扣除资格；对积极参与扶贫开发、带动贫困群众脱贫致富、符合信贷条件的各类企业给予信贷支持，并按有关规定给予财政贴息等政策扶持。鼓励有条件的企业自主设立扶贫公益基金。建立激励体系，以国务院扶贫开发领导小组名义定期开展社会扶贫表彰，让积极参与社会扶贫的各类主体政治上有荣誉、事业上有发展、社会上受尊重；对贡献突出的企业、社会组织和各界人士，在尊重其意愿前提下可给予项目冠名等激励措施。加强宣传工作，把扶贫纳入基本国情教育范畴，大力弘扬社会主义核心价值观，开展扶贫系列宣传活动；创新社会扶贫宣传形式，拓宽宣传渠道，加强舆论引导，统筹推进社会扶贫先进事迹宣传报道工作，宣传最美扶贫人物，推出扶贫公益广告，倡导社会扶贫参与理念，营造扶贫济困的浓厚社会氛围。

四、扎实做好军队帮扶工作

人民军队在精准扶贫工作中也承担着重要角色。习近平总书记对军队参与打赢脱贫攻坚战高度重视，强调军队要强化宗旨意识和群众观念，发挥自身优势，坚持精准扶贫。党的十八大以来，全军和武警部队充分发挥自身优势，在扶贫战场攻坚克难，屡创佳绩，因地制宜实施特色产业扶持、基础设施援建、教育和医疗帮扶等多种形式的帮扶行动，在脱贫攻坚战场谱写鱼水新篇，彰显了人民军队的性质、宗旨和本色。决战决胜脱贫攻坚作为一项系统性工程，需要包括军队在内的各方广泛参与，打赢脱贫攻坚战已成为推进军民融合深度发展的重要载体。

（1）进一步做好筹划安排。做好顶层设计和宏观谋划，统筹好完成部队中心任务与参与脱贫攻坚，实施精准帮扶与支援贫困地区开发建设等工作，做到两不误、双促进；坚持从实际出发，充分挖掘自身优势和资源，在最能体现部队作用的领域和项目上投入力量、有所作为；精准发力，贯彻精准扶贫精准脱贫基本方略，瞄准帮扶的贫困村、贫困户，找准穷根，对症下药，在精准施策、精准推进、精准落地上下实功见实效。

（2）进一步明确帮扶重点。主动做好共性的工作，积极配合地方搞好扶贫开发宣传教育、参与生态环境保护、帮助改善生产生活条件、发动官兵捐资助学等活动；积极做好能发挥优势作用的工作。比如，发挥

赵隽/摄

2019年10月10日，全国妇联、中国儿童少年基金会在北京举办“绽放在党的阳光下——春蕾计划30年成果发布会”。
图为中国人民武装警察部队为“春蕾计划——梦想未来”行动捐款。

作战部队人员较多，生活物资采购可向贫困地区倾斜，强化与帮扶对象的利益联结；尽力做好具有特有优势的工作，积极参加兴边富民行动，积极参加驻地民族团结进步创建活动，支持边疆农村牧区基础设施建设，扶持发展边境贸易和特色经济。

（3）进一步贯彻精准方略。进一步把帮扶对象精准到村到户工作做实，结对帮扶以建档立卡贫困人口为主体，优先扶持家境困难的军烈属、退役军人等群体；进一步把帮扶责任定到具体单位工作做实，相关单位承担的帮扶任务都要严格对照时限要求，按时保质完成；进一步把帮扶方案具体到册到表工作做实，建立帮扶对象基本情况登记册，做到一村一套扶贫计划、一户一本帮扶台账，增强帮扶工作的针对性、实效性。

（4）进一步加强军地协作。地方各级和相关部门要进一步重视发挥部队的优势和作用，参照国家层面做法，将部队扶贫工作纳入本地区脱贫攻坚总体规划，建立沟通协调、信息共享、工作会商等机制，为部队开展工作提供有力支持和指导。部队各级特别是省军区系统要进一步主动加强与地方党委、政府及有关部门的沟通联系，及时了解地方需求，密切与地方驻村工作队的协同协作，相互支持配合，共同做好工作，努力形成脱贫攻坚整体合力。

第九讲 加强脱贫攻坚行动支撑保障

党的十八大以来，党中央把贫困人口脱贫作为全面建成小康社会的底线任务和标志性指标，在全国范围全面打响了脱贫攻坚战。脱贫攻坚力度之大、规模之广、影响之深，前所未有。现在，各方面都行动起来了，党中央各项决策部署得到较好落实，贫困群众生活水平明显提高，贫困地区面貌明显改善。脱贫攻坚工作进入决战决胜阶段，任务仍然十分艰巨，且越往后脱贫成本越高、难度越大。各级党委、政府务必深刻认识贫困地区如期脱贫的艰巨性、重要性、紧迫性，以解决突出制约问题为重点，强化支撑体系，给予更加集中的支持，采取更加有效的举措，开展更加有力的工作，聚焦精准发力，攻克坚中之坚，确保贫困地区和贫困群众同全国人民一道进入全面小康社会。

一、强化财政投入保障

各级各类扶贫资金是支持打赢打好脱贫攻坚战的粮草军需。近年来，各级党委和政府多渠道加大脱贫攻坚投入，认真履行资金监管职责，不断提升扶贫资金使用效益，为实现精准脱贫，提高脱贫质量提供了有力保障。据统计，2016—2019 年，中央财政累计安排专项扶贫资金 3843.8 亿元，年均增长 28.6%。截至 2020 年 3 月底，财政部已累计下达 2020 年中央财政专项扶贫资金 1396.36 亿元。随着脱贫攻坚工作的不断深入，新情况和新问题不断出现，客观上对扶贫财政投入提出了新的更高要求。2020 年 3 月 6 日，习近平总书记在决战决胜脱贫攻坚座谈会上再次强调："中央财政要继续增加专项扶贫资金规模，各级财政也要保证脱贫攻坚的资金需求。"必须坚持全面覆盖、不留死角，上下贯通、纵向到底，部门联通、横向到边，完善制度、延伸链条，流程融合、线上操作等要求，持续加大扶贫财政投入，完善财政精准扶贫机制，强化扶贫资金精细化管理，集中财力精准投放，大力推进精准脱贫，巩固拓展脱贫成效，为推进高质量打赢脱贫攻坚战持续提供有力财政保障。

（1）全力保障资金投入。各级财政要继续加大对贫困地区的一般性转移支付力度，引导有助于脱贫的农业、教育、医疗、交通、生态等转移支付向贫困地区、贫困人口倾斜。在加大投入总量的同时，突出扶贫投入重点，确保新增脱贫攻坚资金主要用于深度贫困地区，新增脱贫攻坚项目主要布局于深度贫困地区，新增脱贫攻坚举措主要集中于深度贫困地区，支持攻克深度贫困堡垒。此外，继续推动加大东西扶贫协作力度，引导东部省市持续加大财政帮扶资金投入。

（2）持续加强资金监管。强化动态监控机制，以预算编制为源头，以绩效目标为依据，以支付环节为依托，以动态监控为抓手，以自动取数为保障，整合信息系统资源，运用云计算、大数据等现代信息技术，健全完善简便实用、实时同步的动态监控体系，实现对扶贫资金和项目全面、真实、准确的实时动态监管；健全扶贫资金动态监控平台，将各级各类扶贫资金的预算下达纳入系统管理，做好与国库支付系统的对接，并在县级或适当层级实现扶贫资金与项目信息对应；明确动态监控要求，对扶贫对象、项目措施、资金使用不精准，挤占、挪用、虚报冒领扶贫资金，违规下达资金，资金使用结构不合理、资金闲置等问题进行有效监控和实时预警。建立扶贫资金总台账，依托动态监控体系，建立与预算执行、资金使用全流程实时同步的扶贫资金总台账；扶贫资金总台账要反映扶贫资金预算安排总量和构成、分配下达、财政实际支付以及项目情况、实施和支出进度等完整信息；具备对扶贫资金运行情况的总体概览、流程追溯、风险监控、绩效目标执行监控、智能检索、汇总分析等功能，在全程跟踪扶贫资金运行情况的基础上，进行多视角的监控和多维度展示。做好扶贫资金日常监管和专项检查，持续发挥财政监察专员作用，加强对各级各类扶贫资金的日常监管，组织开展财政支持脱贫攻坚政策落实情况专项检查，坚持问题导向，深入基层，重点关注扶贫资金闲置、挪用、损失浪费、虚报冒领、贪污等问题，按照有关法律法规和财经纪律严肃处理，涉嫌违纪违法的，移送相关部门处理。同时，在日常监管和检查过程中，突出核实扶贫资金总台账和动态监控系统反映的情况是否与实际相符，完善动态监控预警机制，及时发现数据失真等问题。严格执行扶贫资金项目公告公示制度，各级财政部门要严

房德华 / 摄

2017 年 8 月，山东省郯城县开展“国家扶贫资金分配情况”专项督查活动，组织人员进村入户，重点对贪污挪用、截留私分、优亲厚友、虚报冒领等突出问题进行督查，严肃查处扶贫领域违纪违法问题，确保国家扶贫资金分配合理、足额到位。

图为该县纪委干部在马头镇陈高册村向贫困户了解扶贫资金发放情况。

格落实“两个一律”（省、市、县扶贫资金分配结果一律公开，乡、村两级扶贫项目安排和资金使用情况一律公告公示）公开要求，把扶贫资金的总量、分配结果、使用方向和使用单位等情况公开，接受群众和社会监督。

（3）持续实施绩效管理。各级财政部门及有关部门应当依据职责，对扶贫项目资金相关预算的编制、执行和决算实施全过程绩效管理，资金使用单位承担绩效主体责任，充分利用相关动态监控信息系统，开展绩效目标执行监控；各级资金使用部门或单位在编制年度部门预算、单位预算时，要对纳入扶贫资金总台账范围的每一笔资金，根据中央和本地区关于预算编制的规定、县级脱贫攻坚规划和项目库等，明确用于脱贫攻坚的具体项目和对应的资金规模，在线填报扶贫项目资金使用情况和绩效目标执行情况，并上传相关证明资料，对于扶贫项目资金绩效目标执行监控时发现的问题，各级财政部门要按规定及时处理和督促整改。同时要严格事前绩效目标管理，组织做好事中绩效运行监控，加强事后绩效评价和结果应用，从源头上严把扶贫项目立项关，实现扶贫项目资金绩效目标管理全覆盖。

（4）持续完善财税政策支持。持续推进贫困县涉农资金统筹整合工作，进一步加大整合力度，规范管理使用。同时，调整规范易地扶贫搬迁融资方式，有序落实支持易地扶贫搬迁的债务限额和贴息资金，支持建档立卡贫困人口搬迁任务。积极落实相关财政支持政策，推动产业扶贫、教育扶贫、健康扶贫、就业扶贫、生态扶贫、光伏扶贫，支持做好贫困群众兜底保障工作，改善贫困地区基础设施条件。运用税收优惠、财政补贴、贷款贴息等政策工具，调动企业、社会参与脱贫攻坚的积极性。系统梳理支持脱贫攻坚的税收优惠政策，进一步完善和明确企业、个人用于扶贫等公益性捐赠的所得税优惠政策。

二、加大金融扶贫支持力度

金融扶贫是增加扶贫投入的重要渠道，是脱贫攻坚的关键举措。长期以来，在脱贫攻坚战中，金融作为扶贫的重要力量发挥了重大作用，并取得了显著成效。例如，金融机构主动联系对接脱贫攻坚任务，不仅国家金融管理部门积极承担了中央单位的定点扶贫任务，金融行业各级各类金融机构和企业也以多种方式对口联系贫困县，选派干部挂职和驻村，拓展了参与脱贫攻坚的更多渠道。注重增强贫困地区造血功能，立足金融行业优势，采取帮助贫困地区兴办企业、发展产业、营销产品、培育品牌、招商引资，打造投融资平台，培育资本市场等多种办法，有效提升贫困地区发展活力和贫困人口自我发展能力。探索创新金融扶贫模式，银行部门设立了面向建档立卡户的扶贫小额贷款、扶贫再贷款，证券行业对贫困县融资提供优惠政策、绿色通道，期货和保险行业面向贫困县实行“一司一县”对口扶贫、创新金融扶贫模式，针对贫困地区特色产业产品开展“保险 + 期货”试点，帮助农户防范市场风险，建立稳定增收渠道。许多金融机构和企业把参与脱贫攻坚作为重要政治任务认真落实，通过全员参与、专设机构、专派人员、制度建设等方式注重脱贫攻坚与企业文化、团队建设、业务拓展、改革创新的融合推进，在金融领域不同行业中也产生了互联互动效应。决战决胜脱贫攻坚，必须持续鼓励和引导商业性、政策性、开发性、合作性等各类金融机构实施特惠金融政策，加大对扶贫的支持力度，为打赢脱贫攻坚战提供强有力的支撑。

（1）持续精准对接脱贫攻坚多元化融资需求。精准对接贫困地区发展规划，找准金融支持的切入点，各金融机构要认真梳理精准扶贫项目金融服务需求清单，准确掌握项目安排、投资规模、资金来源、时间进度等信息，为精准支持脱贫攻坚奠定基础；要积极对接扶贫部门确定的建档立卡贫困户，深入了解贫困户的基本生产、生活信息和金融服务需求信息，建立包括贫困户家庭基本情况、劳动技能、资产构成、生产生活、就业就学状况、金融需求等内容的精准扶贫金融服务档案，实行“一户一档”。精准对接特色产业金融服务需求，带动贫困人口脱贫致富，各金融机构要立足贫困地区资源禀赋、产业特色，积极支持能吸收贫困人口就业、带动贫困人口增收的绿色生态种养业、经济林产业、林下经济、森林草原旅游、休闲农业、传统手工业、乡村旅游、农村电商等特色产业发展。鼓励金融机构发放扶贫小额信用贷款，加大对建档立卡贫困户的精准支持；管好用好创业担保贷款，支持贫困地区符合条件的就业重点群体和困难人员创业就业。精准对接易地扶贫搬迁金融服务需求，支持贫困人口搬得出、稳得住、能致富，开发性、政策性金融与商业性、合作性金融要加强协调配合，加大对安置区贫困人口直接或间接参与后续产业发展的支持。精准对接重点项目和重点地区等领域金融服务需求，夯实贫困地区经济社会发展基础，充分利用信贷、债券、基金、股权投资、融资租赁等多种融资工具，支持贫困地区交通、水利、电力、能源、生态环境建设等基础设施和文化、医疗、卫生等基本公共服务项目建设；健全和完善区域信贷政策，在信贷资源配置、金融产品和服务方式创新、信贷管理权限设置等方面，对连片特困地区、革命老区、民族地区、边疆地区给予倾斜。

（2）持续推进贫困地区普惠金融发展。深化农村支付服务环境建设，推动支付服务进村入户，加强贫困地区支付基础设施建设，持续推动结

金木／摄

中国邮政储蓄银行淮北市分行加大精准扶贫力度，推出“拎包银行”金融服务，打通农村偏远区域金融服务“最后一步路”，切实帮助农民脱贫致富。
图为该行工作人员在安徽省淮北市相山区渠沟镇鲁楼村开展“拎包银行，精准扶贫，送金融知识下乡”活动。

算账户、支付工具、支付清算网络的应用，提升贫困地区基本金融服务水平；加强政策扶持，巩固助农取款服务在贫困地区乡村的覆盖面，提高使用率，方便农民足不出村办理取款、转账汇款、代理缴费等基础金融业务，支持贫困地区助农取款服务点与农村电商服务点相互依托建设，促进服务点资源高效利用。加强农村信用体系建设，促进信用与信贷联动，探索农户基础信用信息与建档立卡贫困户信息的共享和对接，完善金融信用信息基础数据库；健全农村基层党组织、驻村第一书记、致富带头人、金融机构等多方参与的贫困农户、新型农业经营主体信用等级评定制度，建立针对贫困户的信用评价指标体系，完善电子信用档案。深入推进"信用户""信用村""信用乡镇"评定与创建，鼓励发放无抵押免担保的扶贫贴息贷款和小额信用贷款。重视金融知识普及，强化贫困地区金融消费者权益保护，加强金融消费者教育和权益保护，配合有关部门严厉打击金融欺诈、非法集资、制售使用假币等非法金融活动，保障贫困地区金融消费者合法权益；畅通消费者投诉的处理渠道，完善多元化纠纷调解机制，优化贫困地区金融消费者公平、公开、共享的现代金融服务的环境；根据贫困地区金融消费者需求特点，有针对性地设计开展金融消费者教育活动，在贫困地区深入实施农村金融教育"金惠工程"，提高金融消费者的金融知识素养和风险责任意识，优化金融生态环境。

（3）持续发挥各类金融机构助推脱贫攻坚主体作用。发挥好开发性、政策性金融在精准扶贫中的作用，完善内部经营管理机制，加强对信贷资金的管理使用，提高服务质量和效率，切实防范信贷风险。下沉金融服务重心，完善商业性金融综合服务，鼓励股份制银行、城市商业银行通过委托贷款、批发贷款等方式向贫困县（市、区）增加有效信贷投放，各金融机构要加大系统内信贷资源调剂力度，从资金调度、授信审批等方面加大对贫困地区有效支持。完善多层次农村金融服务组织体系，农村信用社、农村商业银行、农村合作银行等要依托网点多，覆盖广的优势，继续发挥好农村金融服务主力的作用，支持符合条件的民间资本在贫困地区参与发起设立村镇银行，规范发展小额贷款公司等，建立正向激励机制，鼓励开展面向“三农”的差异化、特色化服务。加强融资辅导和培育，拓宽贫困地区企业融资渠道，支持、鼓励和引导证券、期货、保险、信托、租赁等金融机构在贫困地区设立分支机构，扩大业务覆盖面。创新发展精准扶贫保险产品和服务，扩大贫困地区农业保险覆盖范围，鼓励保险机构建立健全乡、村两级保险服务体系，鼓励保险机构建立健全针对贫困农户的保险保障体系，全面推进贫困地区人身和财产安全保险业务，缓解贫困群众因病致贫、因灾返贫问题。

三、加强土地政策支持

土地和土地政策对于中国农业、农村和农民，对于脱贫攻坚，具有不可替代的深远影响和作用。党的十八大以来，各级党委、政府用好用活用足国土资源扶贫政策，用力用心用情助推脱贫攻坚，扶贫用地政策在助推扶贫攻坚中取得了新进展、新成效。深化扶贫用地保障政策，对全国贫困县，每年专项安排每县新增建设用地。深化增减挂钩扶贫政策，由国家统筹城乡建设用地增减挂钩节余指标跨省域调剂，用于支持“三区三州”及其他深度贫困地区脱贫攻坚。积极稳妥推进农村土地制度改革试点政策，在包括安徽省金寨县、甘肃省陇西县、西藏自治区曲水县三个国家级贫困县在内的全国33个试点地区，推进农村土地征收、集体经营性建设用地入市、宅基地制度改革试点。决战决胜脱贫攻坚，必须持续加强土地政策支持，进一步释放政策红利，使脱贫攻坚向纵深推进。

（1）脱贫攻坚用地应保尽保。支持贫困地区编制村级土地利用规划，挖掘土地优化利用脱贫的潜力，贫困地区建设用地符合土地利用总体规划修改条件的，按规定及时审查批复；新增建设用地计划、增减挂钩节余指标调剂计划、工矿废弃地复垦利用计划向贫困地区倾斜，对集中连片特困地区、国家扶贫开发工作重点县专项安排一定数量新增建设用地计划，贫困地区建设用地增减挂钩节余指标和工矿废弃地复垦利用节余

杨成利 / 摄

近年来，贵州省榕江县通过土地流转，统一规划、政府补助、易地移民群众自愿申请认耕的方式，在安置区附近开辟易地移民蔬菜基地，让移民在城里有“微田园”，满足移民群众的农耕需求，实现增收。
图为该县车江大坝扶贫“微田园”蔬菜基地里，移民在采收白菜。

指标，允许在省域内调剂使用；建立土地整治和高标准农田建设等新增耕地指标跨省域调剂机制；贫困地区符合条件的补充和改造耕地项目，优先用于跨省域补充耕地国家统筹，所得收益通过支出预算用于支持脱贫攻坚。

（2）土地整治资金持续倾斜贫困地区。在安排中央分成新增建设用地土地有偿使用费时重点向贫困地区倾斜，并积极支持贫困地区以土地整治为平台，优先安排贫困地区土地整治项目和高标准农田建设补助资金，推进贫困地区完善县级土地整治规划，促进贫困地区加快脱贫步伐。持续推动中央财政土地整治工作专项资金支出向全国集中连片特困地区和片区外的国家扶贫开发工作重点县倾斜，继续支持甘肃东部百万亩土地整治重大工程项目实施，同时支持国家重点扶贫地区的县（市、区）推进土地整治，增加耕地作为补充耕地指标向省域内经济发达地区有偿调剂，调剂收益用于耕地保护、农业生产和农村经济社会发展。

（3）持续推动地质调查特色扶贫。加大对贫困地区编制矿产资源规划的技术指导与支持力度，支持连片特困地区开展矿产资源综合利用示范基地建设，促进优势资源开发利用，在保护生态环境的前提下，积极推进贫困地区开展绿色矿山、和谐矿区建设试点，促进资源开发与环境保护相协调，使当地群众共享矿产资源开发收益。持续开展土地质量地球化学调查、矿产地质调查、水文地质调查等活动，建立专业监测预警示范点，推动群专结合监测预警体系建设。持续发展贫困地区地质旅游，加强对地质公园建设的指导力度，使其成为地质遗迹保护、壮大旅游产业、解决区域性贫困、实现贫困群众脱贫的有效载体；实施集中连片贫困区地质遗迹调查，将具有重要价值的地质遗迹资源列为地方特色旅游开发规划的重要景点。

四、实施人才和科技扶贫计划

人才和科技既是贫困地区突出存在的两大短板，也是为扶贫开发提供强有力的智力支撑和摆脱贫困的根本之道。党的十八大以来，脱贫攻坚投入了大量人力物力，人才和科技扶贫工作成效初步显现，人才和科技扶贫品牌影响力大幅提升，人才和科技创新在精准扶贫、精准脱贫中的支撑引领作用得到充分发挥，贫困地区基层科技服务能力得到明显增强，区域扶贫产业得到较快发展，人员科技文化素质得到较大提高，创新创业热情不断增强，内生发展动力大幅提升。决战决胜脱贫攻坚，必须进一步加强实施人才和科技扶贫计划力度，充分认识在贫困地区大力实施人才和科技扶贫计划的重要意义，坚持扶贫与扶志、扶智相结合，把加大深度贫困地区人才和科技扶贫工作摆在更加重要的位置，进一步促进科技、人才、信息、金融、管理等现代要素向深度贫困地区集聚，不断激发深度贫困地区干部群众内生发展动力，确保深度贫困地区脱贫有基础、可持续。

（1）大力实施人才扶贫计划。人才是富强之本，人才是兴邦大计，人才更是解决贫困问题的关键所在。加强人才的培养，加大人才的引进，发展人才，用好人才，为脱贫攻坚助力。深入实施边远贫困地区、边疆民族地区、革命老区人才支持计划，扩大急需紧缺专业技术人才选派培养规模。在整合现有相关工作载体和政策措施的基础上，持续统筹推进

韦如代 / 摄

广西壮族自治区罗城仫佬族自治县依托国家实施“三区”（边远贫困地区、边疆民族地区和革命老区）人才支持计划，在广西艺术创作中心专家的指导下，创编了一系列仫佬族风情歌舞，展示神秘的仫佬族文化和独特的民族风情。
图为该县民族剧院演员们在表演仫佬族文化风情旅游项目《一声哥来一声歌》。

教师专项、医务工作者专项、科技人员专项、文化工作者专项、社会工作者专项等人才扶持计划，充分利用各级扶贫协作、对口支援、结对帮扶等工作渠道，把计划实施与扶贫开发、经济开发、科技开发紧密结合起来，坚持因地制宜、注重实效，结合实际开展形式多样的人才选派和培养工作，促进长期工作与短期服务、个别选派与团队选派、内部调配与外部支援等相结合。加大选派人才培养培训力度，依托行业培训资源，安排到省会城市、中心城市有关单位参加脱产培训或岗位锻炼，对在贫困地区领导、创办社会事业的重点人才，要纳入培养范围，并从各行业实际出发，采取政府购买服务、税收减免、简化登记程序等优惠政策和扶持措施予以帮助。加大选派人才激励保障力度，对选派人才，符合条件的应在职务安排、职称晋升、计算基层工作经历、研究生考试等方面，认真执行现有的优惠政策；与国家人才发展规划“实施引导人才向农村基层和艰苦边远地区流动政策”相衔接，如贫困地区在县乡公务员考试录用中，从大学生村官、“三支一扶”等人员中定向招录公务员，从贫困地区优秀村干部中招录乡镇公务员；制定表彰奖励政策，有关地方和部门对业绩突出、基层欢迎的优秀人员，以及落实计划成绩突出的单位，可按照国家有关规定予以表彰奖励，并享受相应政策。

（2）大力实施科技扶贫计划。组织动员全国科技工作者积极投身科技扶贫事业，充分调动全社会科技资源助力实现精准脱贫，坚持“需求导向、人才为先、科技支撑、统筹资源”，围绕“精准扶贫、智力扶贫、创业扶贫、协同扶贫”，瞄准贫困地区和建档立卡贫困人口的具体需求，通过开展技术攻关、成果转化、平台建设、要素对接、创业扶贫、教学培训、科普惠农等行动，到2020年基本形成贫困地区创新驱动发展的新模式，充分发挥科技创新在精准扶贫精准脱贫中的支撑引领作用。持续开展关键技术攻关行动，组织高等学校、科研院所、企业调研贫困地区科技需求，开展技术攻关，解决制约区域产业发展的关键共性技术难题；加强卫星遥感、通信技术在贫困地区的应用，开展高分扶贫应用示范，促进贫困地区农村信息化发展。开展成果转移转化行动，面向贫困地区推介最新创新成果，发布“技术成果包”“产品成果包”“装备成果包”，增强贫困地区产业科技支撑能力；围绕贫困地区支柱产业转化推广先进适用技术成果，针对“一县一业”“一乡一品”示范带动一批贫困地区特色优势产业发展。开展创业载体建设行动，指导贫困地区、革命老区、少数民族地区建设一批专业化、特色化的“星创天地”，支持有条件的贫困县建设科技园区；推动高等学校新农村发展研究院在贫困地区建设一批集科研中试示范、成果推广转化、农民技术培训为一体的农村科技服务基地，引进和孵化一批科技型企业；鼓励贫困地区、革命老区建立完善技术中介机构，发展技术市场，推动产学研合作。开展创新要素对接行动，鼓励国家高新技术产业开发区、国家农业科技园区、国家可持续发展实验区与贫困地区对接，筹建科技园区，实现贫困地区人员转移就业；支持国家重点实验室、工程技术研究中心、国家临床医学研究中心、科技资源共享服务平台与贫困地区对接，推动技术创新和民生改善；加强科技援疆、援藏、援青工作与脱贫攻坚的有效衔接，开展经济发达地区面向贫困地区跨区域科技资源共享服务，支撑贫困地区产业发展。开展科技特派员创业扶贫行动，针对贫困地区需要就地脱贫的贫困村，组织动员科技特派员进村入户，促进科技能人与致富带头人、技术成果与贫困地区需求、创业扶贫政策与扶贫项目紧密结合，推动第一、第二、第三产业融合发展，基本实现科技特派员对全国贫困村科技服务和创业带动的全覆盖，促进农民增收致富。开展脱贫带头人培养行动，以“三区”人才支持计划科技人员专项计划为抓手，发挥科技特派员作用，加强对贫困地区返乡农民工、大学生村官、乡土人才、科技示范户的培训，大力培养懂技术、会经营、善管理的脱贫致富带头人和新型职业农民。

第十讲

做好脱贫攻坚成效考核

开展脱贫攻坚考核评估是倒逼责任落实、政策落实、工作落实，确保脱贫工作务实、过程扎实、结果真实的重要举措。决战决胜脱贫攻坚，必须做好成效考核工作。要从全面建成小康社会全局和战略的高度，充分认识开展脱贫攻坚考核评估的重要意义，压紧压实脱贫攻坚主体责任和属地责任，严格时间进度和整改标准，不折不扣抓好脱贫攻坚成效考核，坚决整治形式主义、官僚主义，推动政策落地更精准、项目实施更精确、资金管理更精细、迎检准备更精密，确保解决一个、销号一个、巩固一个，为脱贫攻坚取得全胜打下坚实基础。

一、强化扶贫信息的精准分析

决战决胜脱贫攻坚，最核心、最根本的要求是精准，所有工作都要贯穿“精准”这一灵魂，围绕这一要求展开，必须对扶贫对象实施精细化管理，对扶贫资源实行精确化配置，对扶贫对象实现精准化扶持，而扶贫信息的精准分析是基础性的工作。要不断强化扶贫信息的精准分析，牢固树立“数据质量第一”的理念，在提高扶贫统计数据真实性、准确性上狠下功夫，确保扶贫统计数据真实准确、完整及时，真正把宝贵的扶贫资金用到刀刃上，为精准实施扶贫举措、打赢脱贫攻坚战提供有力支撑。

（1）严把精准关口。严格精准识别关口，进一步加强建档立卡工作，提高精准识别质量，完善动态管理机制，做到“脱贫即出、返贫即入”；及时剔除不合条件的人口，及时纳入符合条件但遗漏在外的贫困人口和返贫人口，确保应扶尽扶；抓紧完善扶贫开发大数据平台，通过端口对接、数据交换等方式，实现贫困户、贫困人口建档立卡信息有效对接。严把动态管理关口，完善贫困人口统计监测体系，强化扶贫开发大数据平台共享使用，拓展扶贫数据系统服务功能，为脱贫攻坚决策和工作指导等提供可靠手段和支撑；建立脱贫成效巩固提升监测机制，对脱贫户实施跟踪和动态监测，及时了解其生产生活情况；开展建档立卡专项评估检查，确保做实做细建档立卡台账，健全完善档案资料，定期审核信息，保证建档立卡信息系统不空项、不漏项、无差错，坚决杜绝被扶贫、

何蓬磊 / 摄

西藏自治区阿里地区改则县物玛乡抢古村位于改则县城以西 50 公里处，是阿里地区牧区改革第一村。2017 年，抢古村人均收入达到了 1.4 万元人民币，整村脱贫摘帽。
图为雪山脚下的抢古村村民自发举行的一场赛马活动现场。

被脱贫。严把精准退出关口，制定完善重点村和贫困户的退出标准和程序，严把重点村摘帽、贫困户脱贫退出标准和退出程序，一级一级负责，一级一级把关，坚决杜绝“数字脱贫”“算账脱贫”。

（2）严格督查考核。加强日常督查，充分发挥督查“杀威棒”和考核“指挥棒”作用，制定完善各级各类扶贫成效考核办法；建立健全扶贫开发工作督查通报制度，组织联合督查、行业督查、第三方评估，建立月调度、季通报制度，传导压力，夯实责任，保证各项工作有序推进，保证扶贫对象信息档案经得起群众评判、上级考核和历史检验。搞好随机抽查，随机开展脱贫攻坚重大事项暗访行动，采取不打招呼、不定路线、直接进村入户、手机采录信息的方式，与村内党员干部、普通群众和贫困户“面对面”了解贫困户的精准识别、建档立卡、精准退出情况，扶贫工作重点村产业项目的建设情况，第一书记、驻村工作队的派驻情况，帮扶责任人和帮扶措施落实等精准帮扶情况，并及时开展集中整治和自查自纠。

（3）严密配套保障。强化业务培训，扶贫对象档案信息采集量庞大，项目指标多，程序复杂严谨，各级要切实开展脱贫攻坚综合培训及信息采集等专项业务培训，邀请各级领导、专家、基层干部解读、传授、交流扶贫对象建档立卡的政策、措施、经验，提升扶贫对象信息档案建设管理对精准施策、造福百姓、维护稳定的作用，保证各级扶贫干部都能明晰要求、掌握方法、遵循程序、严格标准、紧扣节点，做到既要积极作为、疾步前行，又要稳扎稳打、久久为功。完善扶贫开发档案信息管理业务子系统及共享平台建设，要及时发现和解决影响信息录入采集的客观制约因素和关键环节，增强系统稳定性，确保信息档案录入的高效性，减少重复性工作，强化与人力资源和社会保障、公安、住房和城乡建设、地税、民政、教育、金融等相关部门的数据信息对接，对建档立卡扶贫对象信息进行分类审核、数据对比，同时协调审计、监察部门开展对建档立卡工作的审查。

二、健全贫困退出机制

建立贫困退出机制是我国扶贫开发的重大改革，是实施精准扶贫精准脱贫方略的重要内容，对确保按期退出和确保退出质量，打赢脱贫攻坚战，具有重大意义。2020年3月6日，习近平总书记在决战决胜脱贫攻坚座谈会上强调："要严把退出关，坚决杜绝数字脱贫、虚假脱贫。"决战决胜脱贫攻坚，必须进一步健全贫困退出机制，按照党中央、国务院决策部署，深入实施精准扶贫精准脱贫，以脱贫实效为依据，以群众认可为标准，建立严格、规范、透明的贫困退出机制，切实提高扶贫工作的针对性、有效性，促进贫困人口、贫困村、贫困县在2020年前有序退出，确保如期实现脱贫攻坚目标。

（1）把准正确导向。坚持分级负责，实行中央统筹、省（自治区、直辖市）负总责、市（地）县抓落实的工作机制；国务院扶贫开发领导小组制定统一的退出标准和程序，负责督促指导、抽查核查、评估考核、备案登记等工作；省（自治区、直辖市）制定本地脱贫规划、年度计划和实施办法，抓好组织实施和监督检查；市（地）县汇总数据，分析实际情况，具体贯彻落实，确保贫困退出工作有条不紊地进行。坚持规范操作，严格执行退出标准、规范工作流程，真正做到程序公开、数据准确、档案完整、结果公正；贫困人口退出必须实行民主评议，贫困村、贫困县退出必须进行审核审查，退出结果公示公告，让群众参与评价，

罗星汉 / 摄

2018 年 9 月 27 日，贵州省政府公布《关于同意桐梓县等 14 个县(区)脱贫退出的批复》，根据国务院扶贫开发领导小组办公室《关于反馈贵州省 2017 年贫困县退出专项评估检查结果的函》意见，经过国家专项评估检查，遵义市的桐梓、凤冈、湄潭、习水 4 个县符合国家贫困县退出标准。这标志着习水正式摘下戴了 24 年的国家扶贫开发工作重点县的帽子。图为现在的习水县城风貌。

确保全程透明；强化监督检查，开展第三方评估，确保脱贫结果真实可靠。坚持正向激励，贫困人口、贫困村、贫困县退出后，国家原有扶贫政策在一段时间内保持不变，支持力度不减，留出缓冲期，以实现稳定脱贫；对提前退出的贫困县，各省（自治区、直辖市）可制定奖励政策。

（2）严格标准程序。贫困人口退出，以户为单位，主要衡量标准是该户年人均纯收入稳定超过国家扶贫标准且吃穿不愁，义务教育、基本医疗、住房安全有保障；贫困户退出，由村“两委”组织民主评议后提出，经村“两委”和驻村工作队核实、拟退出贫困户认可，在村内公示无异议后，公告退出，并在建档立卡贫困人口中销号。贫困村退出以行政村为单位，以贫困发生率为主要衡量标准，统筹考虑村内基础设施、基本公共服务、产业发展、集体经济收入等综合因素。原则上贫困村贫困发生率降至 2% 以下（西部地区降至 3% 以下），在乡镇内公示无异议后，公告退出。贫困县退出，包括国家扶贫开发工作重点县和集中连片特困地区县，以贫困发生率为主要衡量标准，原则上贫困县贫困发生率降至 2% 以下（西部地区降至 3% 以下），由县级扶贫开发领导小组提出退出，市级扶贫开发领导小组初审，省级扶贫开发领导小组核查，确定退出名单后向社会公示征求意见，公示无异议的，由各省（自治区、直辖市）扶贫开发领导小组审定后向国务院扶贫开发领导小组报告。国务院扶贫开发领导小组组织中央和国家机关有关部门及相关力量对地方退出情况进行专项评估检查。对不符合条件或未完整履行退出程序的，责成相关地方进行核查处理。对符合退出条件的贫困县，由省级政府正式批准退出。

三、开展国家脱贫攻坚普查

国家脱贫攻坚普查是精准扶贫精准脱贫的基础性工作，对分析判断脱贫攻坚成效、及时总结脱贫攻坚成果、研究制定2020年后减贫战略和衔接乡村振兴战略都具有十分重要的意义。为准确掌握脱贫摘帽县贫困人口“两不愁三保障”实现情况、获得帮扶情况、参与脱贫攻坚项目情况等，党中央、国务院决定于2020年至2021年年初对脱贫摘帽县进行一次普查。

2019年10月7日，国务院成立国家脱贫攻坚普查领导小组。2020年3月6日，习近平总书记在决战决胜脱贫攻坚座谈会上的讲话中指出：“从下半年开始，国家要组织开展脱贫攻坚普查，对各地脱贫攻坚成效进行全面检验。这是一件大事。要为党中央适时宣布打赢脱贫攻坚战、全面建成小康社会提供数据支撑，确保经得起历史和人民检验。”

开展脱贫攻坚普查，无疑是对脱贫攻坚工作的一次“全面体检”。一方面，不仅看是否实现脱贫摘帽，还看是否筑牢了稳脱贫的基础，精确掌握贫困地区、贫困人口的自我发展能力；另一方面，梳理专项巡视、成效考核、日常巡查等发现的普遍性问题，精准对焦脱贫攻坚中的贫中之贫、难中之难、坚中之坚，精准掌握直接影响脱贫攻坚目标任务实现的问题，需要进一步改进的问题，需要长期逐步解决的问题。因此，各级党委、政府必须提高政治站位，高度重视，扎实做好普查各项准备工作，为全面开展国家脱贫攻坚普查工作奠定坚实基础。

（1）积极推动省级脱贫攻坚普查机构尽快组建。中西部22个省（自治区、直辖市）人民政府要成立相应的脱贫攻坚普查领导小组及其办公室；国家统计局各相关调查总队、相关省（自治区、直辖市）扶贫开发领导小组办公室（局）要抓紧向地方党委、政府汇报有关工作，积极争取支持，推动本省（自治区、直辖市）脱贫攻坚普查领导小组尽快成立；省级领导小组办公室设在调查总队，调查总队、省级扶贫部门作为牵头负责部门，要切实承担起组织实施和协调任务，调查总队负责制定本地区普查实施方案，开展普查培训，组织普查登记，控制数据质量，上报普查结果等，省级扶贫部门负责协调落实普查员选调，组织开展普查宣传和舆情引导处置，清理核实建档立卡资料，提供普查相关资料，协助普查实施方案制定等，普查领导小组办公室在领导小组的统一领导下，明确职责、细化任务，确保普查准备工作有序开展。

（2）抓紧做好经费申请落实。国家脱贫攻坚普查所需经费由中央和地方各级人民政府共同负担并列入相应年度的财政预算，相关调查总队和扶贫开发领导小组办公室（局）要抓紧启动本地区普查预算编制与申请工作，按规定确定开支标准和支出范围，科学合理测算工作量，实事求是编制普查经费预算，确保普查经费落实到位。

（3）积极筹划普查员选调。脱贫攻坚普查选调具有一定专业素质的人员担任普查员，遵循“本地回避、互不交叉”原则，异地开展调查；各省（自治区、直辖市）具体负责本地区普查员选调工作；各相关调查总队和省级扶贫部门要提前研究普查组织实施方式，积极筹划普查员选调工作，根据实际，合理确定普查员队伍规模，切实把政治素养高、扶贫政策熟、业务能力强、工作作风实的干部选拔到普查员队伍中，组建一支能打硬仗的普查员队伍。

四、科学稳妥改进各级考核方式

考核评估是脱贫攻坚的重要组成部分，是推动工作落实的重要保障。科学合理的考核评估和督导检查，有助于检验脱贫攻坚的实际效果，及时发现扶贫过程中存在的问题，继而通过传导压力督促各地夯实责任，推动精准扶贫各项任务的落地施行。党的十八大以来，根据习近平总书记关于“实行最严格的考核评估制度，确保真实可信，社会认可，老百姓认账”的重要指示要求，脱贫攻坚考核制度体系不断完善，基本成形。在中央层面，中共中央办公厅、国务院办公厅先后印发了省级党委和政府扶贫开发工作成效考核办法、关于建立贫困退出机制的意见等，明确了扶贫成效考核和贫困县退出专项评估检查的内容、标准、方法和要求。国务院扶贫开发领导小组出台了东西部扶贫协作和中央单位定点扶贫考核办法，制定了《中共中央、国务院关于打赢脱贫攻坚战的决定》分工落实情况的评估工作方案。经国务院扶贫开发领导小组同意，国务院扶贫开发领导小组办公室印发了《贫困县退出专项评估检查实施办法（试行）》。应该说，从中央的顶层设计到考核的实际操作制度都日渐完备。各地也结合实际出台了脱贫攻坚考核评估的政策文件，初步形成了纵向到底、横向到边的脱贫攻坚考核体系。

脱贫攻坚考核的实践表明，党中央作出实行最严格的考核评估的决策部署是正确的，考核评估很好地发挥了“指挥棒”“质检仪”和“推进器”

的作用，为脱贫攻坚取得决定性进展提供了重要保障。打赢脱贫攻坚战必须坚定不移地实行最严格的考核评估，而且是越来越严。同时，也要清醒地看到，在考核评估工作中还存在多头考核、层层考核、频繁考核、搭车考核，填表报数多，迎评迎检、干扰考核评估等问题。我们要勇于面对这些问题，认真加以解决，不断提高脱贫攻坚的质量和成色。

（1）强化考核的统筹整合。持续将东西部扶贫协作交叉考核纳入省级党委、政府脱贫攻坚成效省际交叉考核，按照“五统一”的方式统筹安排，一次完成。统一部署，统筹安排两项考核工作，统一组建一个交叉考核组赴各省（自治区、直辖市）开展实地考核；统一培训，对骨干力量进行政策解读和业务培训；统一抽样，共同确定实地调查的贫困县；统一评定，两项结果同时评定，以减轻基层的负担，同时提高考核的效率。

（2）注重年终考核和平时考核相结合。进一步完善年终考核和平时掌握情况的结合，防止“一考定终身”。年终考核主要包括省级总结、省际交叉考核和第三方评估等，还有媒体暗访考核。平时情况考核须根据实际情况不断拓展内容，如加大东西部扶贫协作考核、贫困县退出专项评估检查、贫困县涉农资金专项督查、扶贫领域财政监督检查情况、统计执法监督等，把涉及脱贫攻坚主要方面的情况都尽可能纳入考核范围，以便更全面掌握情况，使发现问题的手段更丰富，以期考核的结果更加科学，更加公正。

（3）完善省际交叉考核和第三方评估。省际交叉考核人员从各省（自治区、直辖市）扶贫开发领导小组成员单位抽调，而且要从紧紧围绕重大政策落实和重要工作部门中抽调，涵盖一些重要的行业部门。例如，涉及健康的，有卫生健康部门；涉及教育的，有教育部门；涉及住房的，有住建部门和发改部门等，包括落实几个一批像产业扶贫一批的部门、就业扶贫一批的部门等，脱贫攻坚重大政策和重点工作推进部门

2017 年 2 月 26 日，根据国务院扶贫开发领导小组办公室意见，江西省政府决定，批准井冈山市脱贫退出。井冈山脱贫退出，是国务院扶贫开发领导小组办公室委托第三方评估机构，经过各项数据详细评估后，由国家层面作出的脱贫退出的认定，井冈山市由此成为中国贫困退出机制建立后首个脱贫摘帽的贫困县。
图为游客在井冈山挑粮小道体验当年红军生活。

成员要占 50% 以上，以确保每一个省际交叉考核组就是一个“医联体”，每一个考核人员就相当于一个全科医生，对一个地方、一个村能够精准地识别和评判。同时要注意增加基层的力量，吸收市县一级基层一线扶贫干部，他们地处脱贫攻坚的主战场，是攻坚的实践者，对过程比较清楚，要发挥他们政策熟、业务精的优势，重点考核责任落实、政策落实、工作落实和脱贫人口返贫等情况，总结典型经验，发现突出问题，听取意见建议。识别准确率、退出准确率、群众满意度检查工作应交由第三方评估，省际交叉考核要深入发现先进典型经验，查找突出问题，听取意见建议，主要在定性判断“三落实”情况方面发挥作用。第三方评估识别准确率、退出准确率、群众满意度检查问卷须进行简化，重点围绕“两不愁三保障”和“三落实”来设计，完善因村因户帮扶工作群众满意度的调查指标，注重考虑群众的获得感，增强满意度检查的客观性。要用好建档立卡数据，不进行重复调查。

（4）改进综合分析评价办法。采取定量评价与定性分析相结合的方法，综合分析评价各省（自治区、直辖市）年度脱贫攻坚成效。要加大对薄弱环节和突出问题的考核力度，对考核结果影响最大的应是问题的数量和严重的情况，即使减贫成效明显但问题多、问题突出的省（自治区、直辖市）考评结果等次也应靠后。也就是说，总体情况不错，但是各方面有突出的问题，甚至在全国造成了恶劣的影响，其他方面再好，其评价等次也不能在第一档、第二档。这就要求各省（自治区、直辖市）不仅要完成好年度减贫任务，还不能有突出的短板和硬伤，更不能在关键方面存在严重的问题。

第十一讲

既要脱贫更要致富

追求美好生活，是永恒的主题，是永远的进行时。幸福都是奋斗出来的，脱贫致富不能等靠要，既然党的政策好，就要努力向前跑。习近平总书记多次强调:“要发扬自力更生、自强不息的精神，不仅要脱贫，而且要致富，继续在致富路上奔跑，走向更加富裕的美好生活。”脱贫致富不仅是党的执政目标、政府的重点任务和社会的造福工程，也是贫困群众增加经济收入、创造美好生活和改变自身命运的根本途径，需要各级党委、政府和群众的共同努力，扶贫、扶志、扶智与脱贫、明志、强智相结合，群众的自力更生与党的大政方针、制度体系和扶贫政策相衔接，领着跑与自己跑相同步、同向同行，形成脱贫致富的整体合力，奏响脱贫致富的时代交响曲。

一、脱贫只是起点

2020年3月6日，习近平总书记在决战决胜脱贫攻坚座谈会上强调:“脱贫摘帽不是终点，而是新生活、新奋斗的起点。”我国2019年度脱贫攻坚任务全面完成，全年减少贫困人口1000万人以上，340个贫困县脱贫摘帽，成绩可喜。但脱贫摘帽并不意味着大功告成。国务院扶贫开发领导小组办公室在规范贫困县脱贫摘帽有关工作时明确要求，贫困县脱贫摘帽后一律不搞摘帽庆祝活动，不拍摄摘帽专题宣传片，不开展以摘帽为主题的相关活动。

对那些贫困户、贫困村、贫困县来说，脱贫摘帽只是日子慢慢变好、发展刚刚起步的起点，绝对不是值得大肆庆祝的最终目标。广大党员干部要一鼓作气、再接再厉，把工作重点放在巩固脱贫成果，推动地区发展、增进群众民生福祉上。

同时，广大党员干部在决战决胜脱贫攻坚实践中要坚持以人民为中心的发展思想，发挥农民主体作用，引导农民破除“等靠要”思想，依靠自身努力脱贫致富。要发挥我们党的优良传统，让广大群众投入这场攻坚战中来，组建以群众为主体、帮扶力量为支撑的脱贫致富队伍，真正扭转部分地区存在的“干部干、农民看”不良风气，演奏好帮扶与被帮扶的协奏曲，尤其是要善于发挥农民个体优势，解决农民实际困难，在资金配置、资源统筹等方面必须制定有针对性的政策并制定相应的配套措施，搭好、建稳农民脱贫致富舞台的“四梁八柱”，切实把舞台交给“主角”，打造一支脱贫致富的“主力军”“生力军”。帮扶干部要积极地跟群众请教脱贫致富的产业选择、帮扶方式、维护管理及驻地生活注意事项，要勇于请教，做到不懂就问，不会就学，当好群众的学生；要及时运用群众的好方法、好建议，要把全部心思、行动、目标聚焦在改变贫穷面貌上来，在脱贫攻坚战中走出一条因地制宜、长远管用、增收明显的创新之路。群众是脱贫攻坚战的受益者，也是感受最深的人，他们对精准扶贫精准脱贫最有发言权。要坚持以人民为中心的发展思想，把人民群众利益放在至上位置，秉持实事求是、具体情况具体分析的原则，把“群众满意”当作制定脱贫方针、执行致富政策的出发点和落脚点，以倾尽全力满足人民对美好生活的向往为政绩观导向，主抓重点人群、深度贫困地区，重点解决“两不愁三保障”等突出问题。要自觉接受群众监督和批评，杜绝“长官意志”和“衙门作风”，那些群众反映强烈的“假把式”“盆景秀”等问题，必须立行立改；培养闻过则喜的度量，广开言路的胸怀，适应在监督和约束下工作，把群众的批评当作我们工作前进的动力，坚决反对形式主义和官僚主义。

宁坚 / 摄

何与开是贵州省黔南布依族苗族自治州独山县麻尾镇南门村人，是参加过中越边境自卫还击作战的退伍老兵，在劳动中双手截肢导致残疾，因残返贫。他历经磨难却不等不靠，带领乡亲种植罗汉果，成为全村脱贫致富的带路人。
图为南门村种植的一畦畦罗汉果苗在阳光下迎风吐绿，郁郁葱葱。

二、坚持强农惠农富农政策不减弱

重农固本是安民之基、治国之要。经过多年的接续奋斗，亿万农民和全国人民一道即将迎来全面小康社会。但也要清醒地看到，全面建成小康社会，最大的短板仍然在农村，最艰巨最繁重的任务仍然在农村，脱贫攻坚主战场在农村。习近平总书记多次强调，任何时候都不能忽视农业、忘记农民、淡漠农村。必须始终坚持强农惠农富农政策不减弱、推进农村全面小康不松劲，在认识的高度、重视的程度、投入的力度上保持好势头。决战决胜脱贫攻坚，必须确保强农惠农富农政策力度不减弱，落实高质量发展要求，坚持农业农村优先发展总方针，以实施乡村振兴战略为总抓手，对标全面建成小康社会“三农”工作必须完成的硬任务，适应国内外复杂形势变化对农村改革发展提出的新要求，抓重点、补短板、强基础，围绕“巩固、增强、提升、畅通”深化农业供给侧结构性改革，坚决打赢脱贫攻坚战，充分发挥农村基层党组织战斗堡垒作用，全面推进乡村振兴，确保顺利完成农村改革发展目标任务。

（1）聚力精准施策，决战决胜脱贫攻坚。不折不扣地完成脱贫攻坚任务，咬定既定脱贫目标，落实已有政策部署，在2020年确保现行标准下农村贫困人口实现脱贫、贫困县全部摘帽、解决区域性整体贫困。坚持现行扶贫标准，全面排查解决影响“两不愁三保障”实现的突出问题，防止盲目拔高标准、吊高胃口，杜绝数字脱贫、虚假脱贫。主攻深度贫困地区，瞄准制约深度贫困地区精准脱贫的重点难点问题，列出清单，逐项明确责任，对账销号。着力解决突出问题，注重发展长效扶贫产业，强化易地扶贫搬迁后续措施，加强贫困地区义务教育控辍保学，坚持扶贫与扶志扶智相结合，切实加强一线精准帮扶力量，持续开展扶贫领域腐败和作风问题专项治理。巩固和扩大脱贫攻坚成果，对退出的贫困县、贫困村、贫困人口，要保持现有帮扶政策总体稳定，扶上马送一程，可以考虑设过渡期，过渡期内要严格落实摘帽不摘责任、摘帽不摘政策、摘帽不摘帮扶、摘帽不摘监管的要求，主要政策措施不能急刹车，驻村工作队不能撤。要加快建立防止返贫监测和帮扶机制，对脱贫不稳定户、边缘易致贫户以及因疫情或其他原因收入骤减或支出骤增户加强监测，提前采取针对性的帮扶措施，不能等他们返贫了再补救。

（2）夯实农业基础，保障重要农产品有效供给。稳定粮食产量，毫不放松抓好粮食生产，稳定完善扶持粮食生产政策举措，完善粮食主产区利益补偿机制，保障农民种粮基本收益。完成高标准农田建设任务，修编全国高标准农田建设总体规划，加强资金整合。实施区域化整体建设，推进田水林路电综合配套，调整优化农业结构，大力发展紧缺和绿色优质农产品生产，深入推进优质粮食工程，实施农产品质量安全保障工程。加快突破农业关键核心技术，强化创新驱动发展，培育一批农业战略科技创新人才，推动生物种业、重型农机、智慧农业、绿色投入品等领域自主创新。

（3）扎实推进乡村建设，加快补齐农村人居环境和公共服务短板。抓好农村人居环境整治三年行动，全面推开以农村垃圾污水治理、厕所革命和村容村貌提升为重点的农村人居环境整治；鼓励社会力量积极参与，将农村人居环境整治与发展乡村休闲旅游等有机结合；广泛开展村庄清洁行动，开展美丽宜居村庄和最美庭院创建活动。实施村庄基础设施建设工程，推进农村饮水安全巩固提升工程，全面推进“四好农村路”

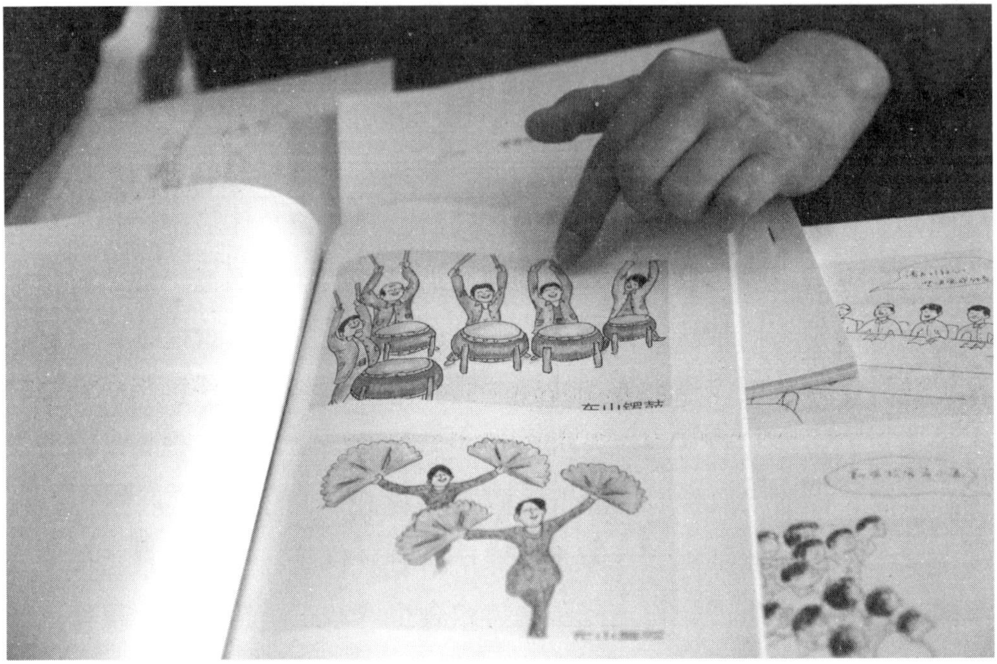

马铭言／摄

青海省海东市互助土族自治县东山村第一书记原继光通过自己绘制的漫画为村民讲解政府扶贫政策。据了解，原继光手绘了近千张漫画宣讲扶贫政策、记录扶贫工作，被村民亲切地称为“漫画书记”。2017 年年底，东山村已脱贫摘帽。“漫画书记”依然用漫画的形式宣讲政策巩固脱贫成果。

图为原继光手绘的记录村民生活的漫画。

建设，全面实施乡村电气化提升工程，完善县、乡、村物流基础设施网络，加快推进宽带网络向村庄延伸。全面提升农村教育、医疗卫生、社会保障、养老、文化体育等公共服务水平，加快推进城乡基本公共服务均等化。加强农村污染治理和生态环境保护，统筹推进山水林田湖草系统治理，推动农业农村绿色发展，加大农业面源污染治理力度，严格乡村河湖水域岸线等水生态空间管理。

（4）全面深化农村改革，激发乡村发展活力。巩固和完善农村基本经营制度，突出抓好家庭农场和农民合作社两类新型农业经营主体，落实扶持小农户和现代农业发展有机衔接的政策。深化农村土地制度改革，完善落实集体所有权、稳定农户承包权、放活土地经营权的法律法规和政策体系，发展多种形式农业适度规模经营，调整完善土地出让收入使用范围，重点用于农村人居环境整治、村庄基础设施建设和高标准农田建设。深入推进农村集体产权制度改革，加快推进农村集体经营性资产股份合作制改革，完善农村集体产权权能，积极探索集体资产股权质押贷款办法。完善农业支持保护制度，按照增加总量、优化存量、提高效能的原则，强化高质量绿色发展导向，加快构建新型农业补贴政策体系，制定完善农业支持保护政策的意见，探索对地方优势特色农产品保险实施以奖代补试点，打通金融服务“三农”各个环节，建立县域银行业金融机构服务“三农”的激励约束机制，实现普惠性涉农贷款增速总体高于各项贷款平均增速。

三、构建促进农民持续较快增收的长效政策机制

小康不小康，关键看老乡。决战决胜脱贫攻坚，全面建成小康社会，难点在农村，关键在农民。增加农民收入是“三农”工作的中心任务，事关农民安居乐业与农村和谐稳定，事关巩固党在农村的执政基础，事关经济社会发展全局。随着我国经济由高速增长阶段转向高质量发展阶段，农业发展进入新阶段，支撑农民增收的传统动力逐渐减弱，农民收入增长放缓，迫切需要拓宽新渠道、挖掘新潜力、培育新动能。构建促进农民持续较快增收的长效政策机制，贯彻落实新发展理念，把粮食主产区和种粮农民作为重点，聚焦农业提质增效强基础、农民就业创业拓渠道、农村改革赋权增活力、农村社会保障固基本，推动强农惠农富农政策的完善工作，大力挖掘经营性收入增长潜力，稳住工资性收入增长势头，释放财产性收入增长红利，开拓转移性收入增长空间，实现农民收入持续较快增长，力保如期实现全面建成小康的奋斗目标。

（1）完善农业支持保护制度，挖掘农业内部增收潜力。增大农业基础设施投入，优先保障财政对“三农”的投入，坚持把农业农村作为国家固定资产投资主要领域，确保力度不打折扣；增大财政涉农资金整合力度，提升资金使用效益，探索投融资的新模式，充分发挥财政资金的杠杆作用，撬动更多社会资本转向农业农村；对财政资金投入农业农村形成的经营性资产，鼓励各地探索将股权量化到村到户，作为村集体或

农户持有的股权，确保让农民长久获利。调整农业补贴政策，在保证国家粮食安全和农民收入稳定增长基础上，改革完善农业补贴政策，同时坚持补贴的绿色生态方向；落实和完善农业“三项补贴”改革政策，大力支持耕地地力保护和粮食适度规模经营；持续贯彻落实并完善产粮大县奖励政策，加大粮食生产功能区和重要农产品生产保护区建设支持力度，使农民合理收益得到切实保障。完善农业结构调整政策，推进农牧结合、循环发展，调整优化农业种养结构，加快发展特色农业；支持农业废弃物资源化利用，吸引社会资本进行市场化运营；推进农业标准化生产、品牌化营销，支持新型农业经营主体发展“三品一标”农产品，积极培育知名农业品牌，创立优质优价的正向激励机制。改革完善农产品价格形成机制，坚持市场化改革取向和保护农民利益并重，完善粮食等重要农产品价格形成机制；加强农产品成本调查和国内外价格监测分析，提高农产品市场和进出口调控的有效性，依法开展贸易救济调查。健全新型农业经营主体支持政策，完善财税、信贷、保险、用地、项目支持等政策，培育发展家庭农场、专业大户、农民合作社、农业产业化龙头企业等新型农业经营主体；支持各类农业社会化服务组织发展，推广农业生产经营环节服务外包、土地托管、代耕代种、联耕联种等综合服务模式，建设一批集收储、烘干、加工、配送、销售等于一体的粮食服务中心。强化农村金融服务，创建多层次、广覆盖、可持续的农村金融体系，发展农村普惠金融；鼓励大中型商业银行加强对“三农”的金融支持，提高服务“三农”能力。改革农业保险产品和服务，把农业保险作为支持农业发展和农民增收的重要方式，构建健全农业保险保障体系，从覆盖直接物化成本逐步实现覆盖完全成本；完善农业保险基层服务体系，打造适度竞争的市场格局；加快建立农业保险大灾风险分散机制，提高对重大自然灾害风险的抵御能力。创新财政撬动金融支农模式，灵活运用奖励、补贴、税收优惠等政策工具，增强对“三农”金融服务

赵忠 / 摄

农业保险是国家支农惠农的一项民生工程，加快发展农业保险，有利于增强农业抗风险能力，促进农业稳产增收；有利于完善救灾救助方式，建立市场化的防灾减灾和灾后补偿机构，提高农民群众的自救能力。2017 年，安徽省巢湖市柘皋镇财政分局联合人保财险部门到乡村农户，开展农业保险政策活动。

图为该镇农田秋收晚稻季节的场景。

的政策支持，重点支持发展农户小额贷款、新型农业经营主体贷款、种养业贷款等政策。

（2）完善就业创业扶持政策，开拓农民增收新渠道。加大新型职业农民培训教育，完善新型职业农民教育培训、认定管理、政策扶持“三位一体”培育制度，把职业农民培养成现代农业的主导力量；实施新型职业农民培育工程，加强县级培训基地和农业田间学校建设，推进新型农业经营主体带头人培育行动；依托农业技术推广单位、涉农企业、农民合作组织、涉农职业院校和农林示范基地，围绕特色产业发展急需的关键技术开展培训；鼓励有条件的地区把新型职业农民纳入城镇职工社会保障体系；健全城乡劳动者平等就业制度，推动形成平等竞争、规范有序、城乡统一的劳动力市场新局面，贯彻农民工与城镇职工平等就业、同工同酬制度；完善覆盖城乡的公共就业服务制度，持续推进城乡居民公共就业服务均等化；将新生代农民工作为重点，落实农民工职业技能提升计划，提高职业培训针对性和有效性；加强农民工输出输入地劳务对接，积极开展有组织的劳务输出。支持农民创业创新，大力发展农产品加工、休闲农业和乡村旅游、农村服务业等劳动密集型产业项目，推进农村产业融合发展；实施农民工等人员返乡创业培训五年行动计划，支持返乡创业园、返乡创业孵化园、信息服务平台、实训基地和乡村旅游创客示范基地建设；推动科技、人文等元素融入农业，积极探索农产品个性化定制服务、会展农业、农业众筹等新型业态。激励规范工商资本投资农业农村，继续深化简政放权、放管结合、优化服务改革，积极引导工商资本投入农业农村；激励工商企业投资适合产业化、规模化、集约化经营的农业领域，积极发展现代种养业和农业多种经营。完善产业链利益联结机制，深入总结各地经验，引导龙头企业创办或入股合作组织，支持农民合作社入股或兴办龙头企业，发展农业产业化经营联合体；以土地、林地为基础的各种形式合作，凡是享受财政投入或政策支持的承包经营者均应成为股东方，并采取“保底收益＋按股分红”等形式，确保农村群众分享加工、销售环节收益。

（3）构建城乡一体化发展长效机制，释放农民增收新动能。持续推进农村集体产权制度改革，实行农村土地所有权、承包权、经营权分置并行，深化农村土地征收、集体经营性建设用地入市、宅基地制度改革试点；在符合规划、用途管制和依法取得基础上，推进农村集体经营性建设用地与国有建设用地同等入市、同权同价，建立兼顾国家、集体、个人的土地增值收益分配机制，合理提高个人收益。激发农村资源资产要素活力，鼓励农村集体经济组织与工商资本合作，整合集体土地等资源性资产和闲置农房等，发展民宿经济等新型商业模式，摸索盘活农村资产资源的新方式和新方法；发展壮大村级集体经济实力，因地制宜地采取资源开发利用、统一提供服务、物业管理、混合经营、异地置业等多种实现形式，增强自我发展、自我服务、自我管理能力和水平。充分发挥新型城镇化辐射带动作用，以县级行政区为基础，以建制镇为支点，深入推进农村产业融合发展试点示范工程，引导农村第二、第三产业向县城、重点乡镇及产业园区等集中，发挥产业集聚优势；探索农村新型社区和产业园区同建等模式，拉动农村产业发展和农民增收。

（4）健全困难群体收入保障机制，确保实现全面小康。深入精准扶贫精准脱贫，持续加大扶贫综合投入力度，要借助产业扶持、转移就业、易地搬迁、教育支持、健康扶贫、社保兜底等措施，因地制宜，分类指导，精准施策，确保如期实现脱贫攻坚的目标；把民生项目、惠民政策最大限度地向贫困地区倾斜，全面动员社会各方面力量积极参与扶贫开发；强化贫困地区农民合作社、龙头企业与建档立卡贫困户的利益联结机制，深入实施乡村旅游、林业特色产业、光伏、小水电、电商扶贫工程，加大对贫困地区农产品品牌推介营销支持力度。健全农村社会保障制度，健全城乡居民基本养老保险制度，健全多缴多得、长缴多得的激励约束机制，健全缴费补贴政策，引导农村贫困人口积极参保续保，逐步提高保障水平；整合城乡居民基本医疗保险制度，相应提高政府补助标准和个人缴费标准及受益水平；把符合条件的农村贫困家庭全部纳入农村低保范围，完善低保标准动态调整机制；进一步完善特困人员救助供养制度，合理确定农村特困人员救助供养标准；全面建立针对经济困难高龄、失能老年人的补贴制度。增强城乡各项养老保险制度、医疗保险制度的衔接，确保参保人员双向流动制度转换通道的畅通。另外，要扩大农民工参加城镇社会保险覆盖面，把进城落户的农业转移人口按意愿纳入城镇社会保障体系，实现与城镇常住人口基本公共服务均等化。

第十二讲
加强党对脱贫攻坚工作的领导

让贫困人口和贫困地区同全国一道进入全面小康社会是我们党作出的庄严承诺。党对脱贫攻坚的全面领导，是打好打赢脱贫攻坚战的关键保障。2015 年 11 月，习近平总书记在中央扶贫开发工作会议上的讲话中强调:“越是进行脱贫攻坚战，越是要加强和改善党的领导。”各级党员干部要从讲政治的高度切实抓好精准扶贫工作，从巩固党执政的阶级基础和群众基础，从保持同人民群众的血肉联系的高度出发，保持顽强的工作作风和拼劲，满腔热情做好脱贫攻坚工作，坚决打赢精准脱贫攻坚战。

一、落实脱贫攻坚责任制

习近平总书记指出，全面建成小康社会，是我们对全国人民的庄严承诺，必须实现，而且必须全面实现，没有任何讨价还价的余地。决战决胜脱贫攻坚，关键在于责任落实。只有自觉把脱贫职责扛在肩上，把脱贫任务抓在手上，立下愚公志、打赢攻坚战，才能不负中央重托、人民期盼。

（1）建立健全脱贫攻坚责任制。我们之所以能书写“最成功的脱贫故事”，除了坚定的政策目标、科学的行动规划，关键也在于各级党员干部勇于担当、履职尽责，以坚决的责任落实不断发挥我们的政治优势和制度优势。事实证明，哪里有强烈的责任担当，哪里就有生动的脱贫实践。2020 年 3 月 6 日，习近平总书记在决战决胜脱贫攻坚座谈会上明确要求：“确保剩余建档立卡贫困人口如期脱贫，对 52 个未摘帽贫困县和 1113 个贫困村实施挂牌督战，国务院扶贫开发领导小组要较真碰硬‘督’，各省区市要凝心聚力‘战’，啃下最后的硬骨头。要巩固‘两不愁三保障’成果，防止反弹。对没有劳动能力的特殊贫困人口要强化社会保障兜底，实现应保尽保。”要全面推行各级“一把手”负总责的脱贫攻坚责任制，明确各级党政主要领导作为本辖区扶贫工作的第一责任人，各部门主要负责人作为行业扶贫的第一责任人，构建起中央统筹、省负总责、市县抓落实的工作机制。从纵向上看，中央统筹，重在做好顶层设计，在政策、资金等方面为地方创造条件，加强脱贫效果监管；省负总责，重在把党中央大政方针转化为实施方案，加强指导和督导，促进工作落实；市县抓落实，重在从当地实际出发推动脱贫攻坚各项政策措施落地生根。省（自治区、直辖市）、市（地、州、盟）、县（区、旗）、乡（镇）、村分别向上级递交脱贫攻坚责任书，立下军令状，定期报告脱贫攻坚进度，加大问责问效力度，层层压实责任，推动形成五级书记齐心协力抓扶贫的工作格局。从横向上看，由中央、省（自治区、直辖市）党政主要领导担任扶贫开发工作领导小组组长，设置综合协调、资金政策、基础设施、产业开发、移民搬迁、公共服务、组织保障等多个专责小组，打破部门、行业、领域界限，细化攻坚任务，开列清单、倒排工期、挂牌督战。以中央层面为例，其一，按照中央脱贫攻坚系列重大决策部署要求，党中央、国务院各相关部门单位实化细化行动方案，制定完善配套政策举措，并抓好组织实施工作。其二，国务院扶贫开发领导小组再分解落实各地区脱贫目标任务，实化细化脱贫具体举措，落实到人。其三，国务院扶贫开发领导小组成员单位及时向中央报告本部门本单位脱贫攻坚工作情况。脱贫攻坚期内，国务院扶贫开发领导小组成员以及部门扶贫干部、定点扶贫干部要按政策规定保持稳定，不能胜任的要及时调整。据此，各级党委和政府也要按照中央职能部门的要求，强化扶贫工作领导小组职能。坚持把县级作为脱贫攻坚的责任主体、实施主体，推行扶贫责任、权力、资金、任务“四到县”制度，打通扶持举措落地瓶颈，督促各地集中精力抓好精准识别、项目安排、资金使用、人力调配、推进实施等具体工作。

（2）坚决落实脱贫攻坚责任制。脱贫攻坚责任制是否有效用，关键看落实。只有脱贫攻坚的问责务实、作风扎实、评估真实，才能确保脱贫攻坚各个环节经得起实践、人民和历史检验。各级党委和政府要增强政治担当、责任担当和行动自觉，把打赢脱贫攻坚战作为重大政治任务，

卓忠伟 / 摄

江西省玉山县横街镇纪委为深入推进扶贫监督工作，首次在全镇各行政村（居）设立驻村扶贫监督员，并特聘本地讲政治、有威望、公正廉明的党员作为义务驻村扶贫监督员，同时制作标有本人照片和信举电话、微信号的监督牌挂在其家门口，便于接受本村贫困户来访，帮助他们解决困难需求，从而杜绝扶贫资金贪污挪用、优亲厚友、虚假冒领、雁过拔毛等问题，做到扶贫监督不留死角。

图为该镇碓头村工作人员将扶贫监督牌挂在驻村扶贫监督员的家门口。

建立落实台账，层层传导压力，压实脱贫责任，加大问责问效力度。其一，明确责任要求。对干部帮扶贫困户的工作内容，要梳理全面，讲解到位。实行市领导包县联户、县领导包村联户，责任到人，不把精准扶贫当口号。要真真实实入户，听到群众原汁原味的呼声，了解最原始的实情。脱贫任务不仅要提高居民收入，改善居民生活，还要提升群众的满意度。把扶贫与扶志扶智相结合，补齐贫困群众的“精神短板”，由“输血”变“造血”，真正实现深度脱贫。其二，畅通信访渠道，完善监督机制。一方面，增加多元监督主体。设立专门领域信访举报投诉箱，张贴公示信访举报热线；向本辖区居民发送扶贫、信访联系卡，真正做到联系电话家喻户晓，扩大线索来源。建立完善纪检监察“五级联动”群众诉求监督平台，收集群众问题，解决群众诉求，将脱贫与信访诉求中心“四级联动”互联互通。另一方面，加强监督力度。充分发挥人大、政协、民主党派监督作用。国务院扶贫开发领导小组组织脱贫攻坚督查巡查，纪检监察机关和审计、扶贫等部门按照职能开展监督工作。其三，加大问责问效力度。强化贫困地区农村基层党建工作责任落实，将责任层层压实，压力层层传导。市、县、村逐级签订减贫责任书，跟踪问效追责任。制定脱贫时间表，挂图作战，对标看齐。把脱贫任务与年底目标考核挂钩，对不够重视贫困村党组织建设、措施不力的地方，上级党组织要及时约谈提醒相关责任人。后果严重的要问责追责。如实行通报机制，对没有真正入户调查，走过场的干部实行通报批评。实行约谈制度，对脱贫效果不好的干部进行约谈。不仅约谈本人，还要同时约谈主管领导。只有让干部对脱贫任务上心，主动思考脱贫方法，才能做到最精确指导、最精准帮扶。当然，脱贫攻坚在靠制度约束的同时，也要对干部们进行思想教育，强化引导。一方面，加油鼓劲，让干部们不要气馁；另一方面，也要多多厚爱扶贫成绩突出的干部，在提拔任用、职称评定、补助保障等方面予以倾斜，让真正为百姓服务的干部得到重用。

二、完善脱贫攻坚考核监督评估机制

实行最严格的考核评估制度是打赢脱贫攻坚战的重要保障。离脱贫攻坚目标实现期限越近，任务越艰巨，越要实行严格的考核评估。要用好考核结果，对考评结果好的，给予表扬奖励；对考评结果差的，约谈整改；对违纪违规的，严肃查处。要结合脱贫攻坚进展和考核情况，改进完善考核评估机制，通过较真碰硬的考核，促进真抓实干，确保脱贫工作务实，脱贫过程扎实，脱贫结果真实，让脱贫成效真正获得群众认可、经得起实践和历史检验。

（1）根据脱贫攻坚的目标和任务，完善监督和考评的内容。以结果为导向进行脱贫攻坚的监督、考核评估，是我国目前监督、考评制度设计的基本思路和原则，这符合国际上主流的监测评估做法。以结果为导向设计监督、考评内容和指标，可以更好地聚焦脱贫攻坚的目标和任务，提高监督、考评的有用性和有效性。但从近两年脱贫攻坚监督、考评的实践看，仍存在不少问题：其一，各项考核之间的分工尚不够明确。监督、考核评估各自承担不同的职能，需要建立明确的职责分工。应进一步明确脱贫攻坚监督、考核和评估的职责分工，减少重复交叉的内容和形式，增强监督、考核和评估的严肃性和有效性。在考核的形式上，要把上级考核和横向交叉考核结合起来，把年终考核与平时考核结合起来，努力推进脱贫攻坚中监督、考评数据共享，避免重复调查取据，防止“一考定终身”。其二，部分重要考核内容被轻视，考核内容没有充分考虑重点难点。深度贫困地区脱贫攻坚任务重、时间紧，因此亟须加强深度贫困地区脱贫攻坚的监督、考核。除了要在省级党委、政府扶贫开发成效考核、东西部扶贫协作考核、财政扶贫资金绩效考核中，将深度贫困地区脱贫攻坚的成效单独列出考核之外，还需要同时关注结果考核和过程考核。此外，考核的内容应更加注重减贫的成效，例如，贫困人口脱贫了多少，贫困人口收入增加了多少，贫困县摘帽了多少，识别的精准度怎么样，贫困群众和贫困地区以及不是贫困人口的群众对扶贫帮扶措施的认可，专项扶贫资金项目使用管理的成效，都要有严格的考核制度。其三，没有考虑领域脱贫攻坚的特点和需要。例如，“到2020年实现贫困地区基本公共服务主要领域指标接近全国平均水平”是我们脱贫攻坚的目标之一。然而，在最后确定的考核评估制度中，在财政专项资金绩效考核、省级党委和政府扶贫开发成效考核中都没有列入基本公共服务均等化的考核内容，仅仅在贫困村退出时作为统筹考虑的指标被列上。虽然多数贫困村的基础设施和公共服务设施已接近全国农村平均水平，但是也要看到还有部分深度贫困地区基础设施和公共服务还存在不小的缺口，而且这些地区基础设施和公共服务改善的难度很大，没有相应的监督和考核去督促，如期实现基本公共服务主要领域指标接近全国平均水平的目标可能会难以完成。

（2）要提高考核评估结果的可信度。考核评估的可信性、公正客观性是其生命。中央也一再要求贫困退出结果要经得起历史和时间的检验。而保证考核评估可信的前提是建立并有效实施科学、公正、公开的考核制度、标准和方法。因此，其一，要结合脱贫攻坚进展和考核情况，改进完善考核评估机制。如以资金奖励的方式来体现考核结果应用的方法虽然与我国扶贫工作机制相吻合，但本身可能存在不合理性。这实际上将地方党委、政府扶贫作为的好坏与区域内扶贫对象能分享的资金

张宇 / 摄

2019 年 5 月 23 日，国务院新闻办公室在北京举行会议介绍，2018 年度减贫任务全面完成，全国 283 个县脱贫摘帽。
图为会议现场。

多寡联系起来，使扶贫开发成效考核结果不够优秀地区的扶贫对象成为扶贫资金减少结果的承受者。尤其是考虑到部分地区脱贫攻坚难度比较小，资金奖励的结果应用方式在某种程度上会拉大省区间可从中央得到的资金的差距。相对来说，加重对扶贫开发成效考核结果排名靠后的省级党委、政府领导的问责，可能比给排名靠前的省份资金奖励更加有效和合理。其二，进一步完善扶贫考核评估工作。改进扶贫开发工作成效第三方评估方式，缩小范围，简化程序，精简内容，提高考核评估质量和水平。如近几年来，我国在实施脱贫攻坚的考核评估制度过程中出现了基层疲于迎评、迎检，对考核评估标准、方法和数据来源的规定还比较笼统，且透明度不够等各种问题。其三，注重发挥考核的正向激励作用。监督、考评的目的是改进精准扶贫精准脱贫工作，促进脱贫攻坚目标和任务完成，因此监督、考评结果的应用尤为重要。要用好考核结果，如开展常态化约谈，随时发现问题随时约谈，对考评结果好的给予表扬奖励，对考评结果差的约谈整改，对违纪违规的严肃查处。当前，我国脱贫攻坚的考核评估制度中都明确了结果应用的程序和办法，并且通过通报表扬、资金奖励和约谈等形式得到了一定程度的体现。但是，考核评估结果采取不公开的内部应用的方式，省级党委、政府扶贫开发成效考核、财政扶贫资金绩效考核等都只将结果在内部通报，这种处理方式在较大程度上限制了社会对考核评估结果的知情和监督。为了严把退出关，坚决杜绝数字脱贫、虚假脱贫现象，习近平总书记在决战决胜脱贫攻坚座谈会上明确要求：“国务院扶贫开发领导小组要开展督查巡查，加强常态化督促指导，今年中央将继续开展脱贫攻坚成效考核。从下半年开始，国家要组织开展脱贫攻坚普查，对各地脱贫攻坚成效进行全面检验。这是一件大事。要为党中央适时宣布打赢脱贫攻坚战、全面建成小康社会提供数据支撑，确保经得起历史和人民检验。”

三、建强贫困村党组织

2015年6月18日，习近平总书记在部分省区市党委主要负责同志座谈会上的讲话中指出："做好扶贫开发工作，基层是基础。"在实践中，很多贫困村对"帮钱帮物，不如帮助建个好支部"深有体会。必须推动基层党组织建设深度融入脱贫攻坚，强化组织功能，凝聚组织力量，真正把基层党组织建设成带领群众脱贫致富的坚强战斗堡垒。

（1）精准选配第一书记。基层党组织书记是党在基层的执政骨干、党员群众的带头人。如今，各地为助推基层扶贫工作加速前行，选优配强书记，努力建设一支高素质基层党组织带头人队伍。2017年4月，中共中央组织部召开全国基层党建工作重点任务推进会，强调要进一步把第一书记这支队伍选派好、管理好、使用好。目前，近20万名第一书记奋战在脱贫攻坚一线，他们用激情与赤诚践行驻村诺言，用拼搏与奉献推动脱贫攻坚，在建强基层组织、推动精准扶贫、为民办事服务、提升治理水平等方面发挥了引领、骨干作用，让一个个派驻村旧貌换新颜。一大批扑下身子、撸起袖子、干出实绩的优秀第一书记，赢得了群众的广泛信任、社会的普遍认可。当前，应坚持多渠道选好配强村党支部书记，持续改善村"两委"干部队伍结构，组织实施扶贫专项培训和农村党员大培训，推动实现村"两委"干部、农村党员和致富带头人的全覆盖，大幅度提升带头致富、带领致富能力。一方面，从严管理首在立规。各

房德华 / 摄

2017 年 2 月，山东省临沂市郯城县庙山镇薛东村第一书记李光明驻村后，充分发挥村民种植杞柳和加工柳编工艺品的优势，筹资兴建了“柳编电商一条街”，成立了“薛庄柳编电商联盟”，带动 114 户贫困户通过编织销售“快递柳编”走上了脱贫致富的道路。
图为薛东村村民在一家柳编企业晾晒“快递柳编”。

地纷纷出台了村干部管理办法，从任期目标、年度考核、任职年限等方面作出具体规定。例如，浙江省乐清市出台从严管理“十项制度”和撑腰鼓劲“十条办法”，严管、激励村党支部书记。另一方面，注重关心支持、培养激励，让基层党组织书记“有奔头”。例如，湖北省为各村主职干部增加年报酬，上海建立“三岗十八级”的岗位等级序列和薪酬体系。此外，要选贤任能，鼓励和选派思想好、作风正、能力强的优秀年轻干部、退伍军人、高校毕业生到贫困村工作，充实脱贫攻坚新生力量。通过组织评选表彰脱贫攻坚好支部、好支书、好党员、好能手，引导激励农村党员骨干在脱贫攻坚中建功立业。

（2）多举措加强贫困村党组织班子建设。针对部分深度贫困村存在的班子软弱涣散、村干部能力素质偏低、后备力量储备不足等问题，采取多项措施，鼓励村“两委”班子在脱贫攻坚中发挥有效作用。其一，补齐短板强保障。聚焦村“两委”班子是否坚强有力，采取自下而上、逐级进行的方式，对深度贫困村“两委”班子深入分析研判，围绕“哪些需要撤换调整、哪些需要培训提高、哪些需要充实加强、哪些需要帮助提升”四种类型，排查出有问题的深度贫困村，建立问题台账，落实措施办法，做到整改有目标、整顿有措施、落实有要求，为加强深度贫困村“两委”班子建设奠定基础；在突出政治功能的前提下，把致富带富能力作为深度贫困村村干部选配的重要标准。其二，加强学习培训。每年对深度贫困村党支部书记进行一次集中培训，组织乡、村两级干部赴先进地区实地参观考察。通过选派深度贫困村党组织书记、党员骨干参加如贫困村党组织书记“头雁培育”、党员“创业带富”、第一书记“产业帮扶”、大学生村官“活力提升”、党员致富带头人“双向培养”等系列活动，进一步提升基层党组织致富带富能力。针对部分深度贫困村“两委”班子工作运行不规范、事项决策不民主等问题，全面加强党支部标准化建设，不断提升服务脱贫攻坚的综合能力。

（3）严格落实村级事务民主决策制度。在贫困户精准识别、基础设施建设、惠民政策落实、主导产业发展等方面，积极推行“四议两公开”工作法，不断规范议事程序。建立村干部任期目标责任制和民主评议制度，定期对村干部履职情况进行考评，强化考评结果运用，促进村干部职责作用有效发挥。积极推进党务、村务公开，实行村财务乡镇监管，落实“小微权力清单”和经济责任审计制度，确保村“两委”班子能干事、干成事、不出事；对缺乏产业支撑、基础设施薄弱、公共服务有缺项的深度贫困村，在项目、资金、帮扶力量的投入上重点倾斜。通过成立带贫合作社，缴纳互助资金，充分发挥村阵地作用，激发村干部干事创业的活力。

（4）建强阵地优服务。积极适应农业产业发展、农村基层治理、农民脱贫致富需要，大力建设农村基层服务型党组织。在实现村级组织活动场所全覆盖的基础上，积极构建县、乡、村三级党员群众综合服务网络体系，健全完善基层为民服务各项机制，实现由“场所”向“阵地”转变，有效解决联系服务群众“最后一公里”问题。通过推动基层组织“上产业链”“入专业协会”“下自然屯”，引导贫困群众培育特色产业，发展集体经济，扩大就业增收等，有力促进基层阵地充分发挥战斗堡垒作用。

（5）充分发挥各级党员领导干部的示范引领作用。多鼓励省级领导干部每人带头挂点联系帮扶一个贫困县。实行领导挂点、部门包村、干部帮户，普遍建立各级扶贫工作联系点，确保每个贫困县都有领导联系，每个贫困村都有部门挂钩，每个贫困户都有干部结对帮扶，做到不脱贫不脱钩。畅通社会力量扶贫渠道，构建专项扶贫、行业扶贫、社会帮扶“三位一体”的大扶贫格局，凝聚扶贫工作强大合力。

四、培养锻炼过硬的脱贫攻坚干部队伍

脱贫攻坚任务能否高质量完成，关键在人，关键在干部队伍作风。习近平总书记对各级领导干部保持顽强工作作风和拼劲，满腔热情做好脱贫攻坚工作寄予厚望。2020年是决战决胜脱贫攻坚的收官之年，我们必须认真学习贯彻习近平总书记关于扶贫工作重要讲话精神，聚焦决战决胜脱贫攻坚，选好干部、配强班子，培养造就一支具有铁一般信仰、铁一般信念、铁一般纪律、铁一般担当的过硬队伍，强力推动脱贫攻坚。

（1）强化脱贫攻坚队伍政治意识。精准扶贫需要一个个务实的举措，需要各个业务部门相互之间的合作，但如果政治上认识不到位，党组织的领导核心作用就难以发挥，具体工作中难免错位、越位、跑偏。目前，扶贫工作中还存在“急躁冒进”“急功近利”“不够精准”以及重结果轻过程、重速度轻质量、重形式轻内容等问题，2020年是脱贫攻坚最后的冲刺之年，在脱贫攻坚、乡村振兴等重点领域，还有很多不可预见的激流险滩和艰难险阻。此时，脱贫攻坚能否实现，关键在各级党组织。脱贫攻坚战越是深入推进，党组织越要绷紧政治这根弦，越要发挥好领导核心作用。各级党组织要胸怀强烈的责任感和使命感，从讲政治的高度重视脱贫攻坚工作，推进脱贫攻坚，确保如期脱贫，全面建成小康社会。广大党员干部要提高政治站位，强化政治责任，要树牢“四个意识”，坚定“四个自信”，做到“两个维护”，不断从政治和大局上找

谭凯兴 / 摄

广西壮族自治区柳州市融安县长安镇组织百余名党员干部在河勒村木兰屯开展“百村万亩金橘园”壮大集体经济助推脱贫攻坚种植金橘活动，组织党员干部群众自觉参与到乡村振兴、脱贫攻坚和发展集体经济活动中来。

图为党员干部扛着农具在该镇河勒村木兰屯田间帮助农民种植金橘。

到差距，在脱贫攻坚的过程中，通过不断自查自省、不断打磨自身品质，练就干事成事的本领和能力，真正把中央精准脱贫的好政策落实到贫困群众身上。

（2）建立健全科学的考核评价机制。脱贫攻坚情况错综复杂、各地须解决的问题各不相同。科学有效的考核评价，无疑是客观展示干部脱贫攻坚工作成效的最大保障。各级党委、政府和广大党员干部要把握好脱贫攻坚的正确方向，坚持扶贫工作必须务实、脱贫过程必须扎实、脱贫结果必须真实。不断提高精准识别率、精准退出率、帮扶覆盖率和群众满意率。要实施最严格的考核评估，开展督查巡查，对层层加码、形式主义、弄虚作假搞“数字脱贫”“算账脱贫”“被脱贫”的，要严肃问责。合理设置干部考核指标，将考核依据与工作实际相结合，制定差异化考核指标。合理采用考核方式，把平时考核、政绩考核、专项考核相结合，将脱贫攻坚工作常抓真考。善于对脱贫攻坚队伍进行多层次、多角度考核，鼓励干部直面困难、敢于创新、敢于作为。

（3）树立正确的干部选拔任用机制。脱贫攻坚干部队伍要坚持以政治合格为基础，以专业性、实践性为导向进行选拔任用，让政治上过得硬，专业、实践上立得起的干部得到重用，并以此产生催化效应，激发干部竞相向高素质专业化看齐的内生动力。其一，严守政治素质首位标准。干部选任，政治是第一位标准。从干部成长轨迹中立体透析政治素养，要看政治忠诚、政治定力、政治担当、政治能力、政治自律，通过个人自评、专项测评、群众评议、组织评定等考察评价办法，把干部政治素质考准察实。选拔绝对忠诚、赤心向党的干部，对政治上有瑕疵的一票否决。其二，严卡专业素养“铁标尺”。选拔干部既重德又重才。2020 年 3 月 6 日，习近平总书记在决战决胜脱贫攻坚座谈会上的讲话中明确要求：“要加强脱贫攻坚干部培训，确保新选派的驻村干部和新上任的乡村干部全部轮训一遍，增强精准扶贫、精准脱贫能力。”要根据岗位职能特点设定考察办法，采取“一看二听三评估”，着重看学过什么、干过什么、干成什么，广泛听取上级部门、分管领导、所在单位、业内人士的意见，综合评估专业水平，看谁更优秀、更合适，确保选任的干部能担当重任，对专业素养不过硬的决不凑合使用。其三，更加鲜明突出基层用人导向，不以学历论定，不以资历排辈，不局限于原单位一隅的选拔方式。激励干部干事比拼，为干事成事者搭台子、架梯子、给位子，让更多有潜力、敢于担当、勤奋务实、经验丰富的干部，特别是长期扎根一线的干部有更多的提拔任用机会。

（4）严管厚爱脱贫攻坚干部队伍。一方面，切实落实监督执纪问责。构建以扶贫为导向的干部考核评价体系，实行以脱贫实绩为主的考核问责。重点考核党政领导班子和主要领导履行脱贫攻坚主体责任、第一责任，推进扶贫重点工程、资源整合使用、资金监督管理等情况。强化考核结果运用，连续二年考核结果为一等且排名靠前的贫困县，党政班子主要领导、分管领导择优予以重用；连续三年考核结果为一等的贫困县，党政班子主要领导、分管领导优先提拔重用。强化考核刚性约束，考核结果为不合格的贫困县，由上级分管领导约谈党政主要领导、分管领导或对其进行职务调整，推动干部动真格、扶真贫，切实把脱贫攻坚抓起来、管起来、严起来、实起来。另一方面，建立健全激励干部干事创业的容错纠错机制。避免干部出现“多干多错，少干少错，不干不错”的慢作为、不作为现象。此外，还要关心关爱干部生活点滴，提供良好的工作环境、生活环境，免除后顾之忧。只有关心关怀干部，才能吸引更多人才到脱贫攻坚队伍中来，才能真正将干部留在岗位上扎扎实实干好工作。

五、开展扶贫领域腐败和作风问题专项治理

越是艰难的工作，越需要踏实的作风。党的十八大以来，习近平总书记多次作出指示批示，要求严肃治理扶贫领域腐败和作风问题。要扎实推进扶贫领域腐败和作风问题专项治理，为打赢脱贫攻坚战提供坚强有力的保障。所谓扶贫领域“腐败和作风问题”专项治理，就是“腐败要查，作风要改”，二者不可偏废。

当前，扶贫领域的腐败和作风问题主要表现在：一方面，个别领导干部在扶贫领域有腐败问题。近年来，国家扶贫脱贫投入大、项目多，资金投放密集，在一些省（自治区、直辖市），深度贫困地区反而成为腐败案件的高发地。有的利用掌管资金、项目的便利以权谋私，有的存在虚报冒领、挥霍浪费、吃拿卡要、优亲厚友等“微腐败”现象。例如，为贫困户办事就拿“跑腿费”“辛苦费”“好处费”；有的将自己的亲属、亲戚违规纳入低保扶贫范围。这些发生在群众身边的腐败问题，尽管有的数额不大，但性质十分严重，影响极为恶劣，更需要引起高度重视。另一方面，扶贫工作中存在不少形式主义和官僚主义问题。在被查处的干部中，有的隐瞒存在的问题，对上级搞“内外有别”；有的对贫困群众不上心、不关心，对下级“麻木不仁”；有的甚至认为分管扶贫工作没意思、不想干，消极对待，敷衍了事，毫无以人民为中心的发展思想。

对此，习近平总书记在 2020 年 3 月 6 日召开的决战决胜脱贫攻坚

刘传福／摄

四川省泸州市聚焦脱贫攻坚，紧盯“小卡片”背后的“微腐败”，全力开展“一卡通”专项治理工作，坚决杜绝不同部门发放不同银行卡的现象，实现资金发放闭环管理、流程环节全程追溯、发放信息及时送达。据介绍，从2019年7月1日起，该市明确的29项惠民惠农财政补贴专项资金全部通过社会保障卡“一卡通”发放。

图为2019年6月26日，该市惠民惠农财政补贴资金社会保障卡首发仪式在西南商贸城举行。

座谈会上明确指出："要加强扶贫领域作风建设，坚决反对形式主义、官僚主义，减轻基层负担，做好工作、生活、安全等各方面保障，让基层扶贫干部心无旁骛投入到疫情防控和脱贫攻坚工作中去。"

（1）提高发现问题精准度。扶贫领域腐败和作风问题专项治理工作开展以来，中央纪委国家监委充分发挥信访主渠道作用，认真受理和及时处置群众信访举报，并定期专题分析研判；同时，建立与扶贫、审计、财政等部门的协作机制，广泛收集问题线索；督促各级纪检监察机关开展扶贫领域腐败和作风问题线索大起底大排查，深入基层一线发现问题。各地也积极行动起来，采取形式多样的监督形式发现问题。以 2018 年为例，新疆维吾尔自治区采取机动式、交叉式、点穴式、蹲点式开展六轮督导检查。为保证督导中发现的问题整改到位，督导组还在整改结束后进行"回头看"。江西省开设"扶贫领域违规违纪问题举报"直通车、在农村集市进行大接访、常态化开展明察暗访，将监督触角延伸至"最后一公里"。四川省聚焦脱贫攻坚、基层"微腐败"等群众最关心、最直接、最现实的民生难题和"四风"问题，探索运用"群众监督 + 舆论监督 + 纪检监督"一体化模式。河南省纪委监委与省直 19 个部门建立问题收集、线索移交核查、督查问责等联动机制，统筹检察、审计、信访、巡视巡察等多个问题线索收集渠道。

（2）直查直办、抽查复核。纪检监察机关通过调查了解、约谈党委（党组）书记等方式，监督检查党委、政府履行脱贫攻坚主体责任；严抓政策决策环节，严查脱贫攻坚工作的谋划、领导、组织、推动及监管等方面存在的问题；不仅坚决查处和纠正脱贫攻坚工作中弄虚作假、急躁蛮干、消极拖延等问题，而且集中力量整治将党中央大政方针只当口号不抓落实、贯彻党中央精神只见表态不见行动的突出问题。针对扶贫领域贪污挪用、截留私分、虚报冒领、强占掠夺等行为，不管是大腐败还是微腐败，要发现一起，查处一起，决不姑息。要认真履行监管责任，彻底查处民生资金、“三资”管理、征地拆迁、教育医疗、生态环保等领域存在的严重违纪违法行为，大力查处基层干部吃拿卡要、盘剥克扣、优厚亲友等问题，大力查处涉黑腐败问题。要准确把握监督向外延伸，处理好专责监督与业务监督的关系，在推进全覆盖过程中坚守定位，精准发力，把监督重心落在“监督的再监督”上，不越俎代庖进行业务监管，也不干涉被监督对象具体行使公权力。

（3）严惩扶贫领域违纪违法问题，形成有力震慑。一方面，要利用各级纪检监察机关对于扶贫领域查处的典型案件，用好用活通报曝光手段，采取灵活多样的方式，注重用身边事教育身边人；另一方面，严肃查处主体责任、监督责任和职能部门监管职责不落实问题，以问责推动责任落实。特别是对贯彻落实党中央脱贫攻坚决策部署不坚决不到位，甚至弄虚作假的，一律严肃问责，坚决避免出现问责不严、该问责不问责，以一般干部代替领导干部问责，避重就轻、只问责基层不问责上级等错误倾向。

（4）从严整改落实。一方面，主体责任、监督责任是具体的，需要具体抓，抓具体。针对考核问责指出的问题，各级党委主要负责同志要深入研究问题，亲自谋划工作。分管扶贫工作的党委、政府负责同志，更要直接关心、亲自过问扶贫领域腐败和作风问题专项治理工作，把主体责任落细、落实、落具体。在整改中，应主动把自己摆进去，逐条逐项对照检查、分析原因，研究制定过硬过细的整改措施，举一反三限时抓好整改。另一方面，改进完善考核评估机制。通过较真碰硬的考核，促进真抓实干，确保脱贫工作务实，脱贫过程扎实，脱贫结果真实，让脱贫成效真正获得群众认可、经得起实践和历史检验。

后记

脱贫攻坚是全面建成小康社会、实现第一个百年奋斗目标最艰巨的任务。党的十八大以来，以习近平同志为核心的党中央坚持以人民为中心的发展思想，把脱贫攻坚摆在协调推进“四个全面”战略布局突出位置，作出一系列重大部署和安排，脱贫攻坚力度之大、规模之广、影响之深，前所未有，取得了决定性进展，显著改善了贫困地区和贫困群众生产生活条件，谱写了人类消除贫困历史新篇章，彰显了中国共产党领导和社会主义制度的政治优势。

光阴流转，勾勒出新的年轮，召唤着新的进发。2020 年是全面建成小康社会实现之年，是脱贫攻坚收官之年。脱贫攻坚重任在肩，全面建成小康社会曙光在前，面对新冠肺炎疫情带来的新挑战，尤须鼓起“勇于担当、敢闯敢拼、苦干实干”的精气神，以“等不起、慢不得、坐不住”的时代紧迫感，以不获全胜决不收兵的意志啃下脱贫硬骨头，以一鼓作气、乘势而上的姿态，保持攻坚态势、强化攻坚责任，确保脱贫攻坚目标任务如期全面完成。

为方便广大读者对我国扶贫开发事业特别是党的十八大以来的脱贫攻坚工作有一个全景式的了解，不断增强决战决胜脱贫攻坚和全面建成小康社会的信心，我们编写了本书。

本书由刘鹏担任主编，由李竹青、苏玉、宋艳丽、王晓东担任副主编。第一讲、第三讲、第七讲由宋艳丽撰写，第二讲、第四讲、第十二讲由苏玉撰写，第五讲、第六讲由王晓东撰写，第八讲、第九讲由刘鹏撰写，第十讲、第十一讲由李竹青撰写。刘鹏对全书稿进行了统稿。

本书得到了国防大学教授洪保秀、副编审陈小明的大力支持和指导，在此表示感谢。

在本书的写作过程中，我们使用和参考了相关书籍和许多专家的研究成果，引用了权威报纸和权威网站公布的数据，在此一并表示感谢！由于作者水平有限，书中难免存在一些疏漏和不足，敬请读者批评指正！

图书在版编目（CIP）数据

决战决胜脱贫攻坚十二讲 / 刘鹏主编 . —北京：东方出版社，2020.6
ISBN 978-7-5207-1519-5

Ⅰ . ①决…　Ⅱ . ①刘…　Ⅲ . ①扶贫—工作概况—中国　Ⅳ . ① F126

中国版本图书馆 CIP 数据核字（2020）第 080080 号

决战决胜脱贫攻坚十二讲
（JUEZHAN JUESHENG TUOPIN GONGJIAN SHIERJIANG）

主　　编：刘　鹏
责任编辑：孔祥丹　杨润杰　张永生
责任校对：金学勇
出　　版：东方出版社
发　　行：人民东方出版传媒有限公司
地　　址：北京市朝阳区西坝河北里 51 号
邮　　编：100028
印　　刷：三河市龙大印装有限公司
版　　次：2020 年 6 月第 1 版
印　　次：2020 年 6 月北京第 1 次印刷
开　　本：710 毫米 ×1000 毫米　1/16
印　　张：14.5
字　　数：180 千字
书　　号：ISBN 978-7-5207-1519-5
定　　价：49.00 元
发行电话：（010）85924663　85924644　85924641